Les secrets de la vente aux particuliers

Jean T. Auer

Les secrets de la vente aux particuliers

29 techniques pour conclure ses ventes

Éditions
d'Organisation

Éditions d'Organisation
1, rue Thénard
75240 Paris cedex 05

Consultez notre site :
www.editions-organisation.com

À mes trois amours :
à Madeleine, ma femme adorée,
et à mes deux adorables petites-filles,
Ariane et Kristele

Sommaire

Deuxième partie
La profession de vendeur

Troisième partie
D'autres tuyaux pour une réussite certaine

© Éditions d'Organisation

Introduction

Il n'y a réellement que quatre méthodes de base à travers le monde pour faire circuler produits et services.

◆ **Ventes au détail.** Tout le monde connaît bien les épiceries, les pharmacies, les grands magasins, les salons de coiffure hommes et femmes, etc. Pour acheter des produits ou recevoir un service dans ces endroits, vous devez entrer dans ces magasins.

◆ **Ventes directes.** Ces ventes comprennent : assurances, investissements (Sicav), cosmétiques (Avon), produits de nettoyage, produits d'entretien (Home Distribution), ustensiles de cuisine (Tupperware), vitamines et compléments alimentaires (Herbalife), bijouterie (Maty) et beaucoup d'autres.

◆ **Ventes à réseaux multiples** (VRM). Une méthode récente pour faire circuler des produits, introduite dans les années 1990, par laquelle quelqu'un peut bâtir une organisation en mettant en valeur la vente d'un certain produit (ou plusieurs).

◆ **Ventes à distance** (La Redoute). Ces ventes sont le plus souvent incluses dans la catégorie des ventes directes, alors qu'elles reposent sur des techniques de vente différentes.

Je pense qu'il n'existe pas de vendeurs-nés, pas plus qu'il n'existe de chirurgiens-nés ou d'autres professionnels-nés. Le dénominateur commun à tous ceux qui ont réussi, hommes ou femmes, est leur volonté extrême d'atteindre le but qu'ils s'étaient fixé.

Même si tout le monde pratique une forme de vente, ce mot déclenche des pensées négatives dans l'esprit de 90 % de la population mondiale. Ces pensées négatives sont encore plus importantes sur certains continents. L'Europe, par exemple, n'a pas accepté les vendeurs aussi facilement que l'Amérique du Nord (voir chapitre 8 : « Vendre », un mot tabou ?). Comme je l'ai dit, nous sommes tous impliqués dans une quelconque forme de vente. Si vous êtes marié (ou si vous l'avez été) le jour où votre tendre moitié a accepté de devenir vôtre, vous avez fait votre plus belle vente. Un avocat vend ses plaidoiries, un politicien ses idées et ses réformes, un médecin ses soins, un ecclésiastique son idéal…

Dans chaque profession, certains sont meilleurs que d'autres, mais tous ceux qui font parler d'eux sont ceux qui ont travaillé, ceux qui avaient le désir et la volonté de faire en sorte que leur vie professionnelle fût un succès.

Dans ce livre, je vous fais part de mes idées et des notions de vente directe que j'ai acquises au cours des années, j'espère vous apporter une aide qui vous permettra de vous perfectionner et de développer vos contacts, votre clientèle, vos revenus et notre merveilleuse profession.

Première partie

COMMENT AUGMENTER LE NOMBRE DE VENTES RÉUSSIES

La manière professionnelle de clore une vente

Chacun résiste à la pression d'une façon instinctive. Si je me mets à vous pousser, vous allez résister et vous essayerez même de me repousser. Personne n'aime à se faire bousculer. Essayer de bousculer quelqu'un dans notre métier, c'est à coup sûr perdre une vente. Il ne faut jamais être agressif. Il faut apprendre à être simple, modeste et courtois, tout en voulant vendre, bien sûr.

Ne soyez pas trop anxieux non plus, car vous risquez de vouloir interrompre votre interlocuteur à tout prix.

Soyez affable, mais bon vendeur. Souvenez-vous toujours que vous êtes là pour vendre. Le montrer ou le dire à quelqu'un sans être agressif, c'est bien. Le client auquel vous faites face sait que vous êtes vendeur ; il faut qu'il le sache. N'ayez donc aucune honte à l'admettre et à le montrer.

Observez les meilleurs vendeurs que vous connaissez ; vous verrez qu'ils sont calmes mais fermes. N'essayez pas d'être un beau parleur, mais soyez courtois tout en ne perdant pas de vue votre but : la vente.

Ne vous transformez pas en professeur non plus ! Les professeurs enseignent, ils ne vendent pas. Cela ne vous mène à rien de vouloir tout expliquer à un client. Il faut lui vendre votre produit en lui ayant donné envie de l'acheter. Vous ne pourrez pas réussir ce tour de force si vous avez tendance à être agressif et à noyer votre client sous les explications.

Sollicitez la commande

Certains vendeurs savent tout bien faire, sauf l'essentiel : solliciter la commande. Cette sollicitation ne signifie pas « vendre par pression ». Beaucoup de ventes sont manquées uniquement parce que le vendeur n'a pas su, ou n'a pas osé, solliciter la commande.

Cela s'appelle « clore la vente ». Sans cette nécessité, il ne peut y avoir de vente effective.

Beaucoup hésitent, certains « gèlent » devant le client au moment crucial. Ils attendent tout simplement que celui-ci dise : « Oui, je vais vous en acheter un. Donnez-moi le rouge. » Ils sont certains d'avoir donné de bonnes explications, ils ont su répondre de façon intelligente à la première objection de leur acheteur éventuel, et ils attendent simplement que celui-ci **achète**. Or, il a été prouvé que, neuf fois sur dix, le client n'achète pas. Il faut lui **vendre**.

Les méthodes pour clore une vente dépendent essentiellement du produit ou service vendu ainsi que du tempérament de celui qui vend. Un point pourtant est commun à tous les produits, services et vendeurs : il faut savoir solliciter la commande !

Certains ont une grande facilité pour le faire. Ils sont à l'aise et bien calmes. D'autres le font d'une manière malhabile et paraissent même quémander. Lorsque cela se produit, tout le monde est mal à l'aise, le client aussi bien que le vendeur.

Sachez vous adapter à chaque situation et à chaque client ; mais avant tout et toujours, sollicitez la commande.

Mettez votre bon de commande bien en vue, dès le début de l'entrevue

À mes débuts, personne n'a eu la bonne idée de m'expliquer que je pourrais vendre plus facilement en sortant le bon de commande de ma serviette et en le mettant bien en évidence devant le client.

Je me suis aperçu, petit à petit, que lorsque je sortais mon bloc de bons de commande au moment de clore ma vente, le client avait souvent un mouvement de recul. Le bon que je remplissais était nouveau pour lui. Il ne l'avait pas encore vu. Il y en avait des choses écrites, sur ce bon ! Il fallait qu'il le lise, qu'il le connaisse, il ne voulait rien signer avant d'avoir tout lu, tout revu, tout épluché.

Aussi, je pris la bonne habitude de sortir mon bloc dès le début, me référant souvent au bon de commande au cours de ma présentation, et en appuyant sur les points essentiels. Le client s'habituait ainsi graduellement à cet important instrument de vente et n'avait pratiquement plus d'objections lorsque je commençais à remplir les cases vides.

En Europe, lorsque je décris cette méthode, il y a toujours dans la salle un ou plusieurs vendeurs qui me déclarent : « Mais ceci est de la vente par pression, nous ne pouvons pas faire cela dans notre pays ! C'est peut-être possible au Canada ou aux États-Unis, mais pas chez nous ! »

Alors, sans vouloir choquer qui que ce soit, il faut que je vous dise : si vous suivez mon conseil, vous augmenterez au moins de 25 % vos chances de vendre, et, croyez-moi, ce n'est pas de la vente par pression, mais tout simplement de la **vente professionnelle.**

Le oui, oui, oui…

Ce n'est pas de la vente par pression non plus que de mettre votre client dans une disposition d'esprit positive, tout au long de votre présentation. Il faut pour cela que vous établissiez à l'avance toute une série de questions clés, auxquelles votre client devra répondre affirmativement. En disant « oui » souvent au cours de l'entretien, il y a de fortes chances pour qu'il vous dise également « oui » au moment de solliciter la commande. Ce qui est certain, en tout cas, c'est qu'il sera bien mieux disposé envers vous que s'il ne fait que vous contredire pendant votre présentation. Exemples :

> « Lorsque vous partez en voiture, vous êtes certainement préoccupé par votre sécurité et celle des vôtres, n'est-ce pas ? »

> « Vous savez que notre société garantit ces pneus pour 100 000 km, n'est-ce pas ? »

> « Vous savez que de bons pneus économisent le carburant, n'est-ce pas ? »

© Éditions d'Organisation

Je connais un vendeur d'assurances qui est tellement enthousiaste, qu'il hoche lui-même la tête du haut en bas, tout en souriant largement, après chaque question positive adressée à ses clients. Il aide ainsi son futur client à répondre « oui ». Il fait ainsi deux fois plus de ventes que la moyenne des autres vendeurs de son cabinet d'assurances.

Ayez du tact, soyez enthousiaste et positif et vous n'aurez jamais besoin de recourir à la vente par pression.

Résumé

1. **Instinctivement, nous résistons tous à la pression.**

2. **Ne bousculez personne. Restez calme, modeste et courtois.**

3. **Solliciter la commande ne veut pas dire vendre par pression.**

4. **Ne devenez pas un professeur.**

5. **Tous les produits et services se vendent ; très peu s'achètent.**

6. **Sachez vous adapter à chaque client et à chaque situation.**

7. **Sortez votre bon de commande au début de la présentation et mettez-le bien en vue.**

8. **Posez des questions à réponses positives. Vous progresserez rapidement.**

© Éditions d'Organisation

Ne parlez plus !

Si vous êtes capable de maîtriser cette méthode, vous aurez beaucoup de succès. Énormément de succès ! Mais, attention ! C'est difficile, très difficile. Vous aurez du mal à vous y faire. Il n'y a que les meilleurs qui y arrivent. Il vous faudra de la pratique, beaucoup de pratique.

Voilà en quoi consiste cette excellente méthode pour conclure vos ventes : à la fin de votre présentation, vous posez une question pour conclure. Après cette question, vous vous taisez. Vous ne dites plus un seul mot ! Vous attendez ! Et le silence se fait…

Il peut durer 20 secondes ou 3 minutes. Vous ne dites toujours rien. Vous vous décontractez un peu sur votre siège et vous attendez.

Je vous ai expliqué que c'était difficile, car dans ce silence qui peut durer et durer… vous vous demandez : que va-t-il dire ? Voici maintenant le plus important : celui qui parle **le premier a perdu** la partie !

Si vous avez le malheur de dire un seul mot, si vous ajoutez une seule phrase, si vous posez une seule autre question, il y a de très fortes chances pour que vous ayez perdu la vente !

Si par contre votre client dit quelque chose le premier, il est très probable qu'il achète votre produit.

Le résultat est positif presque chaque fois. Mais les débutants ont beaucoup de mal à perfectionner cette méthode quasi infaillible. Ils ont peur du silence.

Nous avons déjà parlé de la vente par pression. Eh bien, sans dire un mot, **le silence absolu** de votre part exerce une pression énorme sur votre client. Je peux vous garantir que ce moyen de conclure une vente réussit ! En fait, au cours de ma carrière, il n'y a vraiment qu'une seule fois que le résultat a été négatif.

J'étais assis à côté du client, un industriel. Nous étions dans son bureau. J'avais terminé ma présentation et je venais de poser une de mes questions favorites de conclusion. Je m'appuyai à mon dossier de chaise et j'attendis… le silence se fit… Au bout de quelques secondes, j'allumai un petit cigarillo, toujours sans rien dire. J'ai eu le temps de le fumer presque entièrement. (Cela prend quelque 15 minutes !)

Toujours rien… silence complet… C'était dur, difficile, mais j'attendais… Tout à coup, toujours dans le silence le plus absolu, le client se leva, fit le tour de son bureau et sortit. Allez-vous me croire si je vous dis qu'il ne revint pas ? Il connaissait la méthode ! Il savait que s'il me disait quelque chose, il allait acheter mon produit. Il préféra donc me laisser tout seul dans mon silence… Vous souriez ? Pourtant, c'est l'exacte vérité.

Faites-moi plaisir, demain, essayez vous-même ! Vous verrez, c'est presque infaillible ! Mais attention, la règle est **absolue** : si vous parlez le premier, vous aurez sûrement perdu la vente.

Il vous faudra de la pratique, surtout pour savoir quand vous taire. Cela ne doit se faire qu'après ce que j'appelle une question clé, une question pour conclure. Voyons-en quelques-unes :

> « Je suppose que vous préférez recevoir votre police à votre domicile ? Quelle est votre adresse personnelle, monsieur Blanc ? »

> « Je suppose que vous voudriez que l'appareil vous soit livré avant la fin de la semaine, madame Noir ? Quelle est votre adresse s'il vous plaît ? »

> « Je suppose que vous préféreriez obtenir une double indemnité sur votre police d'assurance, ce qui n'entraînerait qu'un petit supplément de prime... Quelle est votre adresse personnelle ? »

> « Madame Brun sera votre première bénéficiaire, n'est-ce pas monsieur Brun. Quel est son prénom s'il vous plaît ? »

> « Je pense que madame Noir préfère le modèle en acajou. Vous voulez qu'on vous le livre avant le 15, n'est-ce pas, monsieur Noir ? Quelle est votre adresse s'il vous plaît ? »

> « Vous désirez certainement bénéficier du paiement par mensualités, monsieur Blanc. Quel est votre prénom s'il vous plaît ? »

Pour bien maîtriser cette méthode éprouvée, il faut surtout éviter de se taire après une question banale. En fait, il faut tout simplement éviter les questions comme :

> « Qu'en pensez-vous, monsieur Brun ? »

> « Vous me suivez ? »

> « Il vous plaît, celui-ci ? »

> Etc.

Je ne pourrai jamais vous le répéter assez : c'est difficile, mais presque infaillible ! Essayez ! Vous verrez que lorsque le silence s'éternise, votre client se lèvera peut-être pour faire quelques pas. Ne bougez surtout pas et ne dites rien. Restez calme. Il peut aussi commencer à faire quelques calculs sur une feuille. Attendez toujours, sans parler...

Rappelez-vous la règle d'or : **laissez-le rompre le silence, et vous serez le gagnant !**

Je viens de vous décrire, dans ce court chapitre, la clé de mon succès personnel dans la vente. Essayez cette méthode. Elle est en général assez peu connue encore. Elle m'a pourtant beaucoup aidé.

Résumé

1. **À la fin d'une présentation ou d'une démonstration et après avoir posé une question clé, taisez-vous !**

2. **Attendez dans le silence le plus absolu.**

3. **Celui qui a parlé le premier a perdu !**

4. **Si vous ajoutez un mot avant que le client n'ait parlé, vous perdrez probablement la vente.**

5. **Si le client parle le premier, neuf fois sur dix, il achètera votre produit.**

6. **Le silence pèse, mais souvenez-vous : laissez le client le rompre le premier !**

Ne vous défendez pas : vous seriez le perdant !

Avez-vous déjà rencontré un vendeur qui ne se soit jamais fâché, ou qui n'ait jamais été irrité ? Probablement pas. Nous avons tous tendance à nous fâcher de temps en temps. Pourtant, le vendeur expérimenté sait que s'énerver avec un client ne paie pas. Il faut savoir se contrôler et garder son calme. Si vous n'arrivez pas à perdre l'habitude de discuter avec un client, c'est votre compte en banque qui en souffrira.

Ce n'est pas facile de garder son calme, surtout quand l'acheteur a réellement tort. Pourtant, il faut s'y habituer. Le seul moyen que je connaisse de combattre l'envie de discuter, c'est d'essayer de se mettre à la place du client. J'essaie d'étudier son point de vue et, ce faisant, je reste calme. La phrase bien connue — **le client a toujours raison** — doit vous venir à l'esprit chaque fois que vous avez envie de discuter et de tenir tête.

Qu'allez-vous gagner si vous vous entêtez ?

Le vendeur professionnel ne peut pas se permettre de se fâcher pour des peccadilles. S'il commence à discuter, que va-t-il gagner ? La fierté d'avoir raison ? Cela revient cher d'avoir raison, si on y perd une vente !

Oubliez les plaisanteries qui ont trait à vos clients. Essayez de ne jamais éveiller l'hostilité chez quelqu'un. Ne plaisantez pas sur une personne, sur ses croyances ou sa vie personnelle. En tant que vendeur, vous avez trop à perdre !

Comment faire face à un acheteur qui aime la discussion ?

Ce n'est guère facile. Il vous faudra de la patience et beaucoup d'expérience. Mais cela s'apprend, comme tout le reste.

Voici ce que je fais lorsque je sens que mon client veut entreprendre une discussion : j'essaie d'utiliser son argument pour clore la vente. Petit à petit, j'en retourne les différents points à mon avantage. Cela demande, bien sûr, un peu de psychologie.

Essayez de lui transmettre vos idées en lui faisant penser que ce sont vraiment les siennes. « Certainement, monsieur Blanc, il y a bien des gens qui pensent comme vous. Vous venez de souligner un point très important… » et en continuant vous lui donnez vos idées sur la question !

Ne donnez surtout jamais votre point de vue sur la question qu'il vient de souligner en lui disant : « Non, monsieur Noir, ce n'est pas exact… »

Supprimez le mot « non » de votre vocabulaire

Si je peux vous donner un seul conseil pratique dans ce chapitre, c'est le suivant : éliminez pour toujours le petit mot « non » de votre vocabulaire de vente ; remplacez-le par deux petits mots : « oui, mais ».

C'est une façon subtile de faire face à vos problèmes quotidiens dans la vente. Pour vous en souvenir, voici un exemple exagéré.

Même si un client vous disait un jour : « Regardez, monsieur Blanc, la lune est verte ce soir ! », approchez-vous de la fenêtre, regardez bien la lune, et en vous retournant dites avec votre grand sourire habituel : « Oui, monsieur Brun, vous avez raison ; mais ne seriez-vous pas un peu daltonien, par hasard ? »

Résumé

1. Le client a toujours raison.
2. Ne vous entêtez jamais.
3. Si vous gagnez une discussion, vous avez peut-être perdu une vente.
4. N'éveillez jamais l'hostilité chez quelqu'un.
5. Essayez de lui transmettre vos idées en les faisant passer pour siennes.
6. Éliminez à tout jamais le mot « non » de votre vocabulaire de vente. Remplacez-le par « oui, mais ».

Réjouissez-vous, votre prospect objecte !

La vente la plus difficile, à mon avis, est celle qu'on tente auprès de quelqu'un qui n'a **aucune objection**. Et pourtant les vendeurs débutants redoutent tellement les objections des clients ! C'est surtout parce qu'ils ont peur de ne pas savoir y répondre.

À nos débuts, nous apprenons tous à répondre aux objections. Il est certain qu'il existe certaines objections auxquelles il faut trouver réponse. Nous allons en voir quelques-unes ici. Mais, personnellement, ce que j'aime faire, c'est conserver l'objection du client et la retourner pour clore ma vente.

Je vous donne un exemple : « Monsieur Auer, je regrette, mais je ne pense pas que votre modèle soit aussi efficace que celui de votre concurrent, la société Blanche. »

À mes débuts, lorsqu'une objection de ce genre m'était donnée, j'avais l'impulsion de répondre en affirmant qu'il ne fallait pas douter de l'efficacité de la machine que je vendais, qu'elle était capable de telles et telles performances, que la machine de la société Blanche était certainement bonne, mais que la mienne, etc.

Aujourd'hui, je réponds simplement : « Si je vous comprends bien, monsieur Noir, s'il m'était possible de vous prouver, sans le moindre doute, que l'efficacité de mon modèle est sinon supérieure, tout au moins égale à celle de mon concurrent, vous seriez prêt à passer commande aujourd'hui même, n'est-ce pas ? »

Mon client est alors obligé de me répondre « oui », car je viens de lui reformuler l'objection qu'il m'a faite, il y a à peine quelques secondes.

Il ne peut en tout cas pas dire : « non ». Il ne me reste plus qu'à **prouver**, sans aucun doute possible, que mon modèle est aussi efficace, sinon plus, que celui de mon concurrent.

Cela, j'ai appris à le faire à l'usine, au cours de mon stage ! À la fin de ma démonstration, mon client va me passer sa commande. Il me l'a dit tout à l'heure, en me répondant « oui ». Il ne va certainement pas se rétracter !

Voilà ma façon de conclure une vente. Nous allons voir quelques autres exemples.

> « Le style de votre collection est trop "avant-garde" pour notre magasin. Je suis certain que nos clients n'en voudront pas.
>
> — Si je vous comprends bien, monsieur Blanc, vous seriez prêt à vendre nos vêtements avec votre marchandise actuelle, si vous aviez la preuve que notre style est demandé par votre clientèle, n'est-ce pas ? »

Une fois encore, il va répondre « oui », car c'est, en peu de mots, l'objection qu'il vient de me donner. Il ne me reste donc plus qu'à lui prouver que notre style est en vogue. Cela peut se faire en lui montrant, par exemple,

des photos de modèles « dernier cri » dans certains maga-
zines, ou encore les commandes urgentes de certains de
ses concurrents.

« Je regrette, monsieur Auer, mais je ne suis pas intéressé par un investissement sans garantie.

— Si je vous comprends bien, monsieur Brun, vous
seriez prêt à ouvrir votre compte aujourd'hui même
si l'investissement que je vous propose avait une
garantie, n'est-ce pas ? »

M. Brun me dira sûrement « oui », car il sait que les
investissements du type que je lui propose ne sont pas
accompagnés de garanties. Si je suis capable, alors, de lui
montrer ce que nous faisons pour garantir ce type
d'investissement et les revenus de nos clients, la vente se
fera sûrement.

Suivant le produit ou le service que vous vendez, cher-
chez toujours à reprendre l'objection du client pour
conclure votre vente. Une fois qu'il vous aura répondu
« oui », il ne pourra guère faire marche arrière.

Toutefois, avant d'en arriver là, il vous aura fallu juger si
votre client vous a bien donné une objection réelle et
valable, car souvent, très souvent, la première objection
n'est pas vraiment la bonne. Le client s'en sert surtout
pour essayer de se débarrasser du vendeur.

Exercez-vous dès demain à démasquer l'objection réelle
de votre acheteur. S'il vous dit quelque chose comme :
« Mille regrets, je n'en ai pas besoin en ce moment... » ou
« Je ne peux pas me le permettre... » ou bien « Repassez
donc la prochaine fois que vous serez dans le
quartier... », « En ce moment c'est impossible, peut-être
après les vacances... », soyez certain qu'il ne vous dit pas

toute la vérité et cherche à se débarrasser de vous. Il vous faut donc trouver la raison pour laquelle il ne veut pas acheter.

Une fois découverte, utilisez-la pour clore votre vente.

En général, d'après mes recherches, il n'existe que sept catégories d'objections. Ces catégories, pour toutes les ventes, sont :

1. Prix.

2. Imperfection du produit ou de la société (manque de confiance).

3. Blocage.

4. Manque de crédits ou d'argent.

5. Service ou garantie.

6. Amitié ou réciprocité.

7. Divers.

Nous ne pourrons pas toutes les analyser, en raison du nombre de produits ou services vendus. Je ne vous parlerai donc que des règles générales en prenant un ou deux exemples par la suite.

La toute première règle, nous venons déjà de la voir :

1. Utiliser l'objection principale du client pour conclure la vente.

2. Éviter de répondre automatiquement à l'objection. Si on prend l'habitude de le faire, on commence à jouer au ping-pong. Le ping-pong est en soi un sport merveilleux, mais y jouer avec des objections est fatal !

En effet, le client me donne une objection, je lui réponds, autre objection, autre réponse, objection/ réponse, objection/réponse, objection/réponse, etc. Voilà ce que j'appelle jouer au ping-pong. Évitez-le à tout prix !

3. Démasquer toujours l'objection réelle.

4. Une objection réelle indique souvent un manque de conviction. Il vous faut donc reprendre votre présentation, tout au moins en partie, pour que le client comprenne mieux, et pour le convaincre.

5. Montrer que l'objection est la bienvenue. C'est très important ! Montrez votre plaisir en le lui disant. Votre client se sentira important.

6. Ne jamais éviter ou ignorer une objection. Si elle vous est donnée au beau milieu de votre présentation, dites par exemple : « Je suis heureux que vous me disiez cela, monsieur Blanc. Je pense vous donner une explication valable au cours de ma présentation, si vous me permettez de continuer. Je vais noter ceci en marge, ici, en cas d'oubli, pour vous en reparler tout à l'heure. » Et vous marquez en gros, sur votre feuille, un ou deux mots de son objection, pour la reprendre à la fin, et vous aider ainsi à conclure.

Prix

« Votre prix est trop élevé. »

Cette objection peut vous être formulée sous des formes différentes. En général, l'acheteur veut être rassuré sur le fait qu'il ne va pas payer trop cher. Il faut donc démontrer la valeur du produit que vous vendez. Mieux encore, peut-être pourriez-vous dire :

« Vous ai-je bien compris, monsieur Blanc ? Si je pouvais vous prouver, sans le moindre doute, que le prix de ma marchandise n'est pas plus élevé que celui de mes concurrents, vous passeriez commande dès aujourd'hui, n'est-ce pas ? »

« Est-ce que j'économise vraiment à long terme, en achetant votre marchandise (sous-entendu : chère) ? »

Même réponse que ci-dessus, avec ensuite la preuve que d'autres clients évitent des frais de service, réparations, pièces de rechange, usure précoce, etc.

Imperfections du produit ou de la société, ou encore manque de confiance dans l'un ou l'autre

« J'avais un modèle de votre marque en 1980. Je n'ai pas été satisfait ! »

Évitez à tout prix la discussion sur le passé. Vous devez vendre le présent.

« Si je vous comprends bien, monsieur Noir, vous seriez prêt à passer commande, si vous pouviez être entièrement assuré que le modèle que je viens de vous montrer répond entièrement à vos spécifications et qu'en plus, il a été largement amélioré, n'est-ce pas ? »

« Je n'ai jamais entendu parler de votre société ! »

« Monsieur Blanc, si vous pouviez avoir la garantie que notre société produit non seulement des articles de grande qualité, mais offre, en plus, un service après-vente hors pair, vous seriez prêt à me passer commande, n'est-ce pas ? »

Blocage

Ce que j'appelle blocage, ce sont les objections qui tournent autour de :

« Je vais y penser. »

Soyez toujours d'accord.

« Mais certainement, monsieur Brun, vous devez y penser ! C'est exactement la réflexion qui m'a été faite par mon client de la rue du Centre. Et son associé, qui était présent, lui a demandé : mais que sauras-tu demain, que tu ne saches aujourd'hui ? Je pense que son idée était valable : qu'allez-vous apprendre de plus demain, que vous ne sachiez en ce moment même ? Peut-être y a-t-il un point sur lequel je ne me suis pas bien fait comprendre. Voulez-vous qu'on le revoie… ou peut-être… etc. »

« Je vais en parler avec ma femme. »

De nouveau et **toujours, vous devez être d'accord !** Le plus simple c'est de prendre immédiatement un rendez-vous ferme avec votre client et sa femme. S'il insiste pour lui en parler seul, expliquez-lui que c'est vous le spécialiste, et que vous connaissez les réponses aux questions que sa femme pourrait poser, etc. Essayez à tout prix de les voir **ensemble**.

J'ai souvent employé une technique bien personnelle : en souriant largement, j'ai expliqué qu'on dit que les maris ne doivent pas essayer d'apprendre à conduire à leur femme. Et en faisant un peu de théâtre, je dis même :

> « Pas plus tard qu'hier, un de mes derniers clients me raconta qu'en rentrant chez lui, il avait dit à sa femme : "Sais-tu, chérie, ce matin, un monsieur charmant est venu me parler d'un plan d'épargne très intéressant…" et sa femme de s'écrier : "Ah, non ! pas de dépenses supplémentaires, je ne veux pas en entendre parler ! Dire que tu m'as refusé le beau manteau rouge, samedi dernier…" Je suis certain, monsieur Brun, que votre femme ne réagirait pas ainsi, cependant, je pense sincèrement qu'il est préférable que je puisse lui expliquer personnellement et avec votre aide, le sujet dont nous venons de parler. Voulez-vous demain soir, 20 heures, ou préférez-vous 19 heures 30 ? »

Manque de crédits ou d'argent

« Je n'ai pas les moyens en ce moment. »

> « Si je vous comprends bien, monsieur Blanc, c'est uniquement une question de budget. En d'autres termes, si vous aviez les moyens en ce moment, vous passeriez commande aujourd'hui même, n'est-ce pas ? »

Lorsque vous êtes vraiment sûr que cette objection est réelle et non pas employée pour se débarrasser de vous (ce qui est très souvent le cas), essayez de démontrer à votre client comment il peut économiser de l'argent en achetant maintenant. Les délais lui font manquer des profits, et ils sont souvent coûteux par eux-mêmes (surtout si vous vendez de l'assurance).

Si vous vendez des machines, etc., vous pouvez également lui démontrer qu'à longue échéance, de toute façon, les pertes occasionnées par sa machine démodée sont plus importantes que le prix d'achat de votre nouveau modèle.

Service ou garantie

« Votre concurrent nous offre une garantie plus longue. »

« Si je vous comprends bien, monsieur Blanc, à part une garantie de plus longue durée chez notre concurrent, vous êtes parfaitement satisfait de notre produit, n'est-ce pas ? Donc si je peux vous prouver qu'en cas de défectuosité majeure, notre maison vous donnera entière satisfaction, même après la période normale de garantie, vous seriez prêt à nous passer votre commande aujourd'hui même, n'est-ce pas ? »

Ceci est un exemple de réponse qui dépend évidemment de la politique de service après-vente de la société que vous représentez.

Amitié ou réciprocité

« J'achète à l'un de mes bons amis. »

Lorsqu'une objection de ce genre vous est donnée, il faut essayer de vendre votre produit ou service sur la base de la qualité, du prix ou du service après-vente. Démontrez que les profits découlent d'un meilleur produit et non pas de la personne qui le vend.

Reconnaissez toujours qu'il est plaisant d'acheter à un ami, que vous-même le faites aussi, mais suggérez qu'il est quelquefois plus difficile d'obtenir un bon service d'un ami ou d'un membre de la famille plutôt que d'un étranger.

La technique la plus saine dans le cas d'objection d'amitié ou de réciprocité, c'est d'essayer d'obtenir une petite partie de la commande. Une fois dans la place, il est facile de démontrer les avantages du produit que vous représentez.

Divers

En réponse à toutes les autres objections réelles, soyez toujours d'accord en premier lieu et essayez de démontrer les nombreux bénéfices de votre produit ou service, tout en utilisant l'objection pour clore la vente.

Résumé

1. La vente commence souvent avec l'objection du client.

2. Essayez toujours de démasquer l'objection réelle.

3. Utilisez l'objection pour essayer de conclure la vente.

4. « Vous ai-je bien compris ? » et « N'est-ce pas ? » peuvent devenir vos phrases clés de conclusion.

5. Revenez à l'objection du client pour obtenir son accord, ensuite prouvez-lui en quelques mots ce que votre produit lui apportera.

6. Ne jouez jamais au ping-pong avec les objections.

7. N'évitez jamais une objection.

8. Montrez-vous intéressé par l'objection de votre client.

5

Concluez rapidement

Emporter la décision ! C'est ainsi que se conclut une vente. Il est certain que quelquefois il ne suffit pas de se taire après avoir posé une question clé, ni de reprendre l'objection du client pour obtenir son accord.

On a beau poser des questions précises, éveiller son intérêt, trouver sa longueur d'ondes, rien ne le décide.

N'abandonnez surtout pas ! Il faut persévérer. Pas trop ; juste ce qu'il faut.

Lorsque vous avez tout essayé et que la vente n'a toujours pas été conclue parce que le client reste indécis, faites une avant-dernière expérience. Elle réussit plus souvent que vous ne le pensez : parlez-lui du grand homme d'État qu'était Winston Churchill.

La méthode de sir Winston Churchill

Racontez à votre acheteur la célèbre histoire que voici :

> « Winston Churchill dut prendre de nombreuses décisions importantes au cours de son illustre carrière. Ce grand homme avait une méthode infaillible. Lorsqu'il devait prendre une décision, il divisait une feuille de papier par une ligne verticale et utilisait les

deux colonnes pour inscrire d'un côté les avantages et de l'autre les inconvénients. À la fin de ce test, il additionnait les éléments de ces deux colonnes et immanquablement optait pour la liste la plus longue.

« Alors, monsieur Blanc, si vous le voulez bien, pour vous aider à prendre la bonne décision, faisons le même essai. Voici une feuille, marquons ici les "**pour**" et de l'autre côté les "**contre**" de la proposition que je viens de vous décrire. »

Vous lui glissez alors votre feuille, ainsi que votre stylo, s'il n'en a pas un dans la main. Vous commencez alors à aider votre acheteur en lui énumérant tous les avantages de votre produit :

« Pensez-vous que... »

« Ne croyez-vous pas que... etc. »

Et vous l'aidez ainsi à faire une liste de 20 à 25 avantages, ou plus même, que votre client inscrit lui-même sur la feuille. Lorsque vous n'avez plus d'idées, vous dites simplement :

« Et maintenant, voyons les désavantages de mon produit. »

Et là, vous vous taisez ! Vous ne l'aidez plus. Silence... De par mon expérience, je n'ai jamais vu un client écrire plus de quatre lignes dans la partie droite de ma feuille Churchill.

Lorsqu'il a terminé, vous concluez alors en comptant les « pour » : un, deux, trois... quatorze, quinze... vingt-deux, etc. Et vous **attendez**. Une fois de plus : silence complet ! Jusqu'à ce qu'il dise quelque chose.

Très souvent il vous dira : « oui, bien sûr... », car pensez un peu à l'effet psychologique de ce moyen de conclure. Le client **écrit de sa main** tous les avantages qu'il va tirer de l'achat de votre produit. Ensuite, il faut qu'il fasse soudainement volte-face pour penser et marquer les inconvénients. C'est difficile de ne pas être prêt à acheter après une telle expérience !

Essayer cette méthode, c'est l'adopter.

Faites des excuses !

Nous venons de voir l'avant-dernier essai de conclusion d'un vendeur professionnel. Pour terminer sur une note joyeuse, voyons le dernier. Je vous le donne, car il m'amuse beaucoup. Je ne l'ai jamais employé moi-même, contrairement à la méthode Churchill, et je ne connais personnellement que 6 ou 7 bons vendeurs qui le pratiquent. En effet, il est assez inhabituel, pour un professionnel, de faire des excuses à ses clients.

Voici cette méthode, telle qu'elle m'a été décrite. Elle se pratique à la fin de l'entrevue. Vous n'avez pas eu de succès, vous êtes déjà près de la porte et vous avez pris congé de votre interlocuteur et soudain, vous vous retournez vers lui en disant un dernier mot :

> « Monsieur Noir, soyez gentil, excusez-moi ! Je vous le demande sincèrement. Je suis désolé. Je n'ai pas su vous convaincre et je m'en excuse. »

C'est tellement rare d'entendre un vendeur faire des excuses, que le client, en général, est très réceptif. Il sait qu'il est débarrassé de vous et heureux d'avoir su vous résister. Il vous sourit en général, tout en vous affirmant : « Bien sûr, ne vous en faites pas ! » Il est même un peu triste de vous voir si affligé.

Vous profitez alors de l'occasion pour lui demander son aide :

« Monsieur Noir, aidez-moi, je vous en prie. Pour que je ne commette pas la même erreur avec mon prochain client, donnez-moi la raison pour laquelle je n'ai pas su vous convaincre ! Est-ce que le prix de mon produit vous paraît trop élevé ? Est-ce ma personnalité qui vous déplaît ? Notre délai de livraison ne vous convient peut-être pas ? Est-ce que... etc. »

Vous continuez jusqu'à ce qu'il vous dise la vraie raison de son objection. Et là, vous revenez vers lui, tout en ouvrant votre serviette et en disant :

« Je ne me suis sûrement pas bien fait comprendre, tout à l'heure. Si vous le permettez... »

Et vous reprenez en partie la présentation en vous appuyant sur son objection et en essayant de conclure une dernière fois.

Ceux qui pratiquent cette façon amusante de reprendre la présentation m'affirment avoir eu du succès. À vous de juger ! Essayez ! Vous ne risquez rien !

Ne vous attardez pas après avoir conclu une vente

C'est une bonne habitude à prendre, que de partir assez rapidement après avoir transformé le client potentiel en client tout court. À moins qu'il n'insiste pour que vous restiez, ne bavardez pas inutilement. Le moyen le plus professionnel, c'est de le remercier sincèrement (mais sans effusion) et de partir.

Partir sans trop attendre est la chose la plus simple et la plus logique à faire. Il ne s'agit pas de penser que le client pourrait changer d'avis, puisque vous avez certainement été assez convaincant pour conclure la vente, mais de lui montrer aussi que votre temps, ainsi que le sien d'ailleurs, valent de l'argent.

En prenant congé, certains aiment dire :

> « Vous serez heureux de la bonne décision que vous avez prise aujourd'hui, monsieur Brun. Je prends congé maintenant afin d'aller faire expédier votre machine le plus rapidement possible. Merci encore. »

Vous restez ainsi un professionnel sincère et aimable.

D'autres encore prennent congé avec l'excuse d'un autre rendez-vous.

Résumé

1. **Pour éviter l'hésitation de votre client, utilisez la méthode de Winston Churchill.**

2. **Faites-lui écrire les avantages de votre proposition en lui donnant toute l'aide possible.**

3. **Laissez-le trouver lui-même ses raisons pour ne pas acheter.**

4. **Concluez après avoir fait le point des « pour » et des « contre ».**

5. *En vous excusant sur le pas de la porte, vous vous donnez une autre chance de reprendre la présentation.*

6. *Après avoir conclu, partez sans tarder.*

7. **Remerciez votre nouveau client avec sincérité et félicitez-le pour son bon jugement.**

Demandez et vous recevrez

Il n'y a rien de plus important pour un vendeur que d'avoir une réserve de clients futurs, c'est-à-dire une liste de bons prospects. Celui ou celle qui est capable de trouver une source continuelle de personnes à visiter est sur la route du succès et de la prospérité.

Mon expérience m'a prouvé que c'est la difficulté majeure de la plupart des vendeurs. Je pense pouvoir dire que c'est même l'activité la plus négligée par 90 % des débutants.

La chaîne sans fin

Si, dès le début de votre carrière, vous prenez la bonne habitude de vous créer une « chaîne sans fin », c'est-à-dire une liste intarissable d'acheteurs éventuels, vous ne serez jamais sans rendez-vous fixe.

Je connais un excellent vendeur qui en fait un jeu. Il s'est constitué une liste de 50 noms à prospecter : chaque fois qu'il réussit à vendre ses services à l'un d'eux, il remplace son nom par un autre. Il a une technique bien personnelle. Chaque fois qu'il vient de réaliser une vente, il dit, avant de prendre congé :

« Monsieur Blanc, je suis ravi de vous avoir pour client. Mais je me trouve maintenant en face d'un problème ! Je viens de perdre, par la même occasion, un client potentiel. M'aideriez-vous à vous remplacer sur ma liste par l'un de vos collègues, amis, ou parents, qui aurait éventuellement besoin de mes services ? »

Avec cette simple phrase, bien placée, ce professionnel obtient presque toujours un nouveau nom pour sa liste de prospection.

Faut-il solliciter la recommandation d'un client qui n'a pas acheté ?

Il y a deux écoles à ce sujet. Certains prétendent qu'il est néfaste de se référer à quelqu'un qui n'a pas acheté votre produit ou service. Cela peut créer un doute dans l'esprit du nouveau client, disent-ils. « Pourquoi mon ami Brun n'a-t-il pas acheté ? »

D'autres, au contraire, utilisent cette méthode avec grand succès car, comme l'expérience le prouve, sur votre liste de prospection, il y a toujours un plus grand nombre de clients potentiels auxquels on n'a rien vendu que de nouveaux clients ayant dit « oui ». Si chacun de ceux-ci vous donne un seul nom, vous aurez une liste toujours grandissante de clients potentiels à visiter.

Personnellement, je suis partisan de cette deuxième école car j'ai remarqué, en effet, que si nous savons solliciter convenablement une recommandation de celui qui vient de décliner notre offre, il hésitera peu en général. Il se

sent un peu redevable envers nous et nous donne toujours un ou deux noms avec plaisir, étant donné qu'il
pense nous avoir fait perdre notre temps.

À quel moment faut-il solliciter la recommandation ?

Si vous vendez un produit ou un service qui nécessite de
votre part une visite après-vente, je vous conseille fortement de solliciter la ou les recommandations lors de cette
seconde visite de courtoisie ou de service. Le client sera
beaucoup plus détendu et enclin à vous la donner.

Si, en revanche, votre produit est livré par d'autres personnes et que vous n'avez pas l'habitude de revoir votre
nouveau client avant un certain laps de temps (3 mois,
6 mois, etc.), il est utile de solliciter la recommandation à
la fin de votre vente.

Comment le faire ?

Suivant le produit ou le service que vous vendez, votre
client sera plus ou moins enclin à vous donner des recommandations. En effet, si vous vendez un produit financier,
il pourrait avoir l'appréhension que vous discutiez de ses
avoirs (ou de son manque d'avoir) avec la personne à
laquelle il vous recommande. Le même problème s'applique à l'assurance vie. En revanche, si vous vendez des
encyclopédies ou des voitures, il y a peu de chances qu'il
ait ces appréhensions.

Un grand nombre de vendeurs que j'ai accompagnés
avaient l'habitude de simplement demander des « noms »
à leurs clients. Personnellement, je vous recommande de

leur demander s'ils ne voudraient pas « aider un membre de leur famille ou un ami » en vous laissant leur présenter votre produit ou service.

Vous remarquerez alors que peu de gens refusent d'aider quelqu'un, surtout si on le leur demande. C'est une technique qui m'a valu du succès, car je n'ai jamais manqué de clients à prospecter.

À la fin de votre entrevue ou de la vente, dites :

> « Monsieur Blanc, il y a certainement quelqu'un parmi vos amis ou parents que vous aimeriez **aider**, en me permettant de lui présenter mon… (produit). Il est entendu que je ne mentionnerai pas votre nom, si vous me le demandez. »

Supposons maintenant que M. Blanc vous suggère de voir son cousin, M. Noir, sans mentionner son nom. Comment pouvez-vous commencer votre entrevue en vous recommandant de ce monsieur sans le mentionner ? Eh bien, vous dites simplement :

> « Un de vos amis m'a demandé de venir vous voir pour…
>
> — Qui ? vous demandera M. Noir.
>
> — Si vous le permettez, monsieur Noir, je vais répondre à votre question dans quelques minutes. »

À la fin de la vente, vous poserez à M. Noir la même question qu'à M. Blanc, tout en ajoutant :

> « Vous m'avez demandé tout à l'heure qui m'a suggéré de venir vous voir. Votre ami m'a demandé de ne pas mentionner son nom. Je ne l'ai pas fait. Vous pouvez donc être certain que, si vous me demandez de ne pas divulguer le vôtre aux amis auxquels vous allez me recommander, je ne le ferai pas non plus. »

Lorsque vous aurez dit cela, votre client n'insistera pas, car il respectera votre conscience professionnelle. Il n'hésitera pas non plus à vous donner les noms de ses amis.

Une technique légèrement différente m'a été expliquée par un groupe de vendeurs sud-américains qui l'employaient avec beaucoup de succès. Après avoir obtenu la recommandation d'un client, le vendeur disait :

> « Monsieur Brun, je ne dirai pas à M. Blanc que vous m'avez envoyé, mais vous n'aurez pas d'objection, j'en suis sûr, si je lui mentionne que nous nous connaissons. »

Votre meilleure source de nouvelles affaires

Il a été prouvé à travers le monde que les meilleures sources de nouvelles ventes sont les nouveaux clients, quel que soit le produit ou le service vendu.

Lorsque j'achète une voiture, je deviens automatiquement un sous-vendeur de mon concessionnaire auprès de mes amis et connaissances.

Pensez-y ! Vos nouveaux clients sont enthousiastes et heureux de leur nouvel achat. Ceci est encore plus vrai dans le cas d'articles ayant pour but d'augmenter le confort moderne. Normalement, ils sont fiers de leur nouvelle possession. Ils vont toujours en parler à leurs amis et voisins. N'oubliez donc surtout pas de faire des visites après-vente, même s'il ne s'agit que de visites de courtoisie. Vous en serez toujours récompensé et vous ne perdrez votre temps que très rarement.

Résumé

1. Ne négligez jamais votre liste de noms à prospecter.

2. Créez votre propre « chaîne sans fin ».

3. En sollicitant des recommandations, même là où vous avez fait chou blanc, vous n'aurez pas perdu votre temps.

4. Dans la plupart des cas, les recommandations s'obtiennent plus facilement lors de votre visite de courtoisie ou après-vente.

5. Sollicitez des recommandations en demandant à vos clients s'ils n'aimeraient pas « aider » leurs parents et amis.

6. Ne divulguez pas le nom de celui qui vous envoie, s'il vous l'a demandé.

7. Encore et toujours, demandez des recommandations. Vos clients sont vos meilleures sources de nouvelles affaires.

Quand devez-vous revenir ?

À mes débuts, un ami me suggéra d'aller voir un de ses confrères qui lui avait dit être intéressé de me rencontrer. À la fin de ma présentation, cet homme charmant me demanda de revenir le mercredi de la semaine suivante, car il voulait devenir client. Je retournai voir cet homme non seulement le mercredi suivant, mais encore en sept autres occasions. Je découvris alors qu'il y avait en ce monde des personnes qui ne savaient pas dire « non ». Ce fut une bonne leçon.

Je pris l'habitude par la suite de ne pas revoir un même client potentiel plus de deux fois après mon premier rendez-vous.

Il faut apprendre à juger vos acheteurs éventuels, selon le produit que vous vendez. Ne laissez pas passer une occasion de vendre ; en revanche, ne perdez pas votre temps non plus.

En général, l'expérience vous prouvera qu'il est très rare que le client réfléchisse à votre proposition entre votre première et votre seconde visite. Vous découvrirez, si ce n'est déjà fait, qu'il sera « refroidi » et aura même probablement oublié ce que vous lui aurez expliqué au cours de votre première présentation. La seconde entrevue est donc toujours plus délicate que la première.

À votre première rencontre, la « curiosité » et la « nouveauté » étaient là pour vous aider. À la seconde vous êtes désavantagé. Votre client connaît maintenant votre produit ainsi que votre personnalité. Il vous faut donc être habile et adroit pour conclure la vente.

Que faire ?

Mon premier conseil est de vous munir d'une ou plusieurs nouveautés à présenter au client. Il peut s'agir de propositions nouvelles, de graphiques, de sondages, de diagrammes, d'articles de magazine, de tableaux, etc.

Tous ces documents montreront à votre acheteur que vous vous intéressez sincèrement à lui, que vous avez travaillé pour l'aider. En un mot, vous devez penser à une méthode valable pour mieux faire valoir votre produit ou service et le rendre ainsi encore plus intéressant au cours de cette deuxième entrevue.

Mon second conseil est de vous présenter chez le client par surprise (à moins bien sûr que vous n'ayez déjà pris un rendez-vous). Les premières paroles que vous prononcerez à cette deuxième entrevue seront cruciales. Il ne faut pas lui laisser le temps de vous dire « non merci » le premier, car il vous sera ensuite très difficile de le convaincre d'acheter. Ma technique préférée est de résumer très brièvement les avantages de ma première proposition, pour ensuite essayer de clore la vente.

Ce que vous ne devez pas faire

Combien de fois ai-je vu un jeune du métier, que j'accompagnais à sa deuxième visite chez un client potentiel difficile, dire :

« Monsieur Blanc, avez-vous eu le temps de penser à ma proposition ? » ou encore : « Vous vous souvenez sûrement de ma visite, monsieur Brun. Avez-vous eu le temps de faire le point ? »

Ce genre de questions et ces premières paroles sont mortelles dans notre profession, car elles ouvrent la voie à une réponse négative immédiate. Il faut les éviter à tout prix ! Soyez toujours positif ! Ne posez pas de questions. Présumez jusqu'au bout que celui qui vous fait face **va acheter.**

Ne lui donnez pas l'occasion de vous fermer la porte en posant d'emblée une question qui le lui permette.

N'arrivez jamais les mains vides. Ayez toujours quelque chose de nouveau à lui présenter pour éveiller son intérêt. Faites-le avec assurance, en souriant largement !

Résumé

1. Apprenez à reconnaître un client qui ne sait pas dire « non ».
2. En général, une quatrième visite chez un client auquel vous n'avez pas pu vendre est une perte de temps.
3. À la seconde entrevue, vous êtes toujours désavantagé.
4. Peu d'acheteurs éventuels « réfléchissent » à votre proposition entre la première et la deuxième entrevue.
5. Munissez-vous d'une « nouveauté » en allant à votre second rendez-vous.
6. Une seconde visite « surprise » peut vous donner un léger avantage.
7. Ne laissez pas votre client vous dire le premier « non merci ».
8. Ne dites jamais : « Avez-vous eu le temps de réfléchir ? » ou « Qu'en pensez-vous ? »
9. Soyez positif, jovial et souriant. Pensez que la vente va se réaliser.

Deuxième partie

LA PROFESSION
DE VENDEUR

« Vendre », un mot tabou ?

Avant de me décider à abandonner ma carrière d'ingénieur, j'ai beaucoup hésité, je l'avoue. Certains de mes
camarades de promotion n'ont jamais compris que je
puisse changer de métier.

Souvent, on m'a posé la question : « Pourquoi avez-vous
totalement changé le cours de votre vie ? » Dans mon cas,
je le dis sincèrement, il s'est agi uniquement de l'appât du
gain. Celui qui devait, plus tard, devenir mon directeur
des ventes, ne cessait de m'aguicher avec les chèques de
commissions qu'il recevait toutes les quinzaines de sa
société. Les gains de cet ami me semblaient énormes
comparés à mes revenus d'ingénieur ! Je me suis donc
posé la question suivante : « Qu'ai-je à perdre ? Pourquoi
ne pas essayer, puisqu'au pire, je pourrai toujours revenir
à ma profession ? »

Bien sûr, tout cela a pris du temps, beaucoup de temps. La
raison principale de mon hésitation venait du fait qu'au
cours de mon enfance, j'ai souvent entendu et lu la
phrase suivante : « Le colportage et le démarchage sont
interdits. » Depuis, bien entendu, les choses ont changé,
surtout en Amérique du Nord, où le métier de vendeur
est devenu une profession recherchée, respectée.

En revanche, lorsque j'ai commencé à enseigner la vente dans plusieurs pays européens, j'ai dû mener une lutte tambour battant afin que la profession de vendeur soit reconnue et respectée. Dans bien des milieux, il n'y a pas si longtemps, on levait carrément le nez sur cette profession enrichissante.

Ceci dit, je me permets de vous crier tout haut : félicitations, vous et moi avons su vaincre nos préjugés et sommes membres de la plus intéressante et de la plus belle des professions au monde — celle de vendeur.

Quel dommage de remarquer encore, surtout en Europe, que l'on déguise encore ce beau métier sous des noms d'emprunt plus ou moins ronflants tels que : représentant, voyageur de commerce, conseiller, commercial sédentaire, consultant, VRP, inspecteur, agent, spécialiste, grossiste, promoteur, dépositaire, coordinateur, délégué, commis, courtier, mandataire, agent de change, marchand, directeur commercial, démarcheur, placeur, soldeur et j'en oublie des meilleurs !

Vous et moi devons mettre tout en œuvre pour faire comprendre à tous que notre métier est l'un des plus agréables du monde. Dites-le tout haut, n'ayez pas honte ! Expliquez à tous ceux que vous rencontrez que la profession de vendeur est celle qui offre le plus d'opportunités de rendre service au plus grand nombre de personnes. Le médecin soigne les malades, le dentiste ceux qui ont mal aux dents, l'avocat aide ceux qui ont des problèmes juridiques ou légaux, mais vous, le vendeur, vous pouvez rendre service à tous, petits et grands.

La vente, mot péjoratif ?

Les vendeurs sont des êtres fiers. Les meilleurs vendeurs pensent du bien d'eux-mêmes ; ils ne sont pas entichés de leur personne, mais leur confiance en eux les aide à surmonter les difficultés.

Ils sont fiers de leur réputation et font grand cas de l'opinion de leurs amis. Ils sont trop fiers pour exhiber leur échec quand les choses vont mal ; ils acceptent leur déception et reviennent en souriant pour se préparer à la prochaine bataille. Ils ne se plaignent pas et ne pleurnichent jamais, car leur fierté les en préserve.

Certaines personnes ont tendance à condamner la fierté en la confondant avec la vanité et l'arrogance ; cependant, tous les grands hommes de notre époque sont des hommes fiers et leur fierté les pousse vers de plus grands efforts. Ils sont également modestes, pour la plupart, et ne se vantent pas de qualités exceptionnelles, mais d'avoir su prendre l'autobus quand il est passé.

Les bons vendeurs, comme les bons athlètes, sont des lutteurs qui aiment gagner. Ils sont heureux d'être admirés pour leurs victoires. Ils aiment raconter leurs aventures victorieuses. Ils vont toujours lutter pour ne pas perdre et souhaitent une liste ininterrompue de victoires.

Donc, pour vous élever dans la profession et effacer les pensées péjoratives de ceux qui vous entourent, je vous suggère d'observer les meilleurs vendeurs que vous connaissez. Vous remarquerez sans doute, sauf exception bien sûr, combien ils sont fiers d'eux-mêmes et de tout ce qu'ils font. Suivez leur exemple, faites comme eux.

N'hésitez pas à être satisfait de vous-même après avoir conclu une belle vente ! Soyez-en fier et essayez immédiatement d'en conclure d'autres. Un de mes vendeurs clés aimait à dire et à redire que, pour lui, seul le plaisir d'amour était plus grand que celui de sortir de chez un client avec un bon de commande signé. Qu'en pensez-vous ?

Les meilleurs vendeurs sont des êtres fiers ! Soyez-le aussi de votre profession.

Résumé

1. La vente est l'un des métiers les plus beaux du monde.

2. Soyez fier de votre profession.

3. Les meilleurs vendeurs sont des lutteurs. Suivez l'exemple de ceux que vous admirez.

4. Soyez heureux après la conclusion d'une belle vente. Partagez votre joie avec les autres. Ne vous arrêtez pas. Continuez sur votre lancée et faites d'autres ventes.

9

Pourquoi
aller à contre-courant ?

Pourquoi choisir la profession de vendeur ?

En peu de temps, mon nouveau métier de vendeur a permis une augmentation très importante de mes revenus. Comme c'était mon premier but, j'avais donc eu raison de recommencer à zéro. Par la suite, cependant, j'ai réalisé que ma nouvelle profession m'avait apporté beaucoup plus que cela.

J'ai tout d'abord découvert un monde nouveau. Tellement engourdi par mon ancien train-train de tous les jours, j'ouvrais de grands yeux devant cette nouveauté. Je venais de sortir de ma coquille et de rencontrer bon nombre de gens intéressants qui pouvaient varier, de l'ouvrier de chantier au directeur de banque en passant par bien d'autres. Je me suis fait de nouveaux amis parmi eux, et je me sentais à l'aise aussi bien avec les uns qu'avec les autres. Mon métier me plaisait de plus en plus.

Au début, j'avais été choqué et déçu d'apprendre que la société qui désirait m'engager ne payait que des commissions. Je me demandais comment boucler mon budget mensuel en n'étant jamais sûr de la somme que j'allais gagner.

Le directeur me dit alors : « Nous payons des commissions car nos vendeurs veulent gagner autant d'argent qu'ils estiment en valoir ; ils ne veulent pas de restrictions. S'ils travaillent beaucoup et avec succès, ils peuvent terminer leur mois avec un revenu de 3 à 10 fois supérieur à leur ancien salaire. » J'ai vite compris, en effet, que le travail à la commission permettait de gagner beaucoup et apportait un stimulant journalier aux vendeurs, débutants ou chevronnés. Je n'ai jamais envisagé, depuis lors, un travail salarié.

Lorsque, plus tard, j'ai commencé à former moi-même de nouveaux vendeurs, j'ai fait une observation intéressante : il peut être dangereux, pour certaines personnes, de gagner beaucoup d'argent rapidement en début de carrière, si on ne leur démontre pas clairement que la persévérance joue un rôle très important dans ce métier.

En effet, dans bien des cas, un vendeur a tendance à se laisser aller après avoir terminé « un bon mois ». Il se dit qu'il a gagné assez d'argent pour les deux prochains mois ; et comme, effectivement, il a gagné 3 ou 4 fois plus que dans son dernier travail salarié, il décide tout simplement de se reposer sur ses lauriers et de prendre des vacances « bien méritées ». C'est une grave erreur, pour un débutant, car pour se remettre au travail après un long repos, il lui faudra 5 fois plus d'énergie et de volonté qu'il ne lui en aurait fallu pour continuer sur une bonne lancée.

Cette première petite indépendance financière m'a fait découvrir que ma nouvelle carrière me donnait toutes sortes de libertés : tout d'abord celle de parler et vendre à qui je voulais. Ensuite la liberté de travailler où je voulais et, finalement, quand je le désirais.

Ce sont là, pour moi, les vraies libertés. Cela me permettait de rester avec ma famille un après-midi si je le désirais, mais cela me permettait aussi de partir au loin et de vendre sur place lorsque l'envie m'en prenait. J'ai donc ainsi pris goût aux voyages.

Ces libertés et cette première indépendance financière m'ont fait découvrir la véritable sécurité. Pour ma famille et pour moi ce fut la clé même de notre avenir.

Pensez-y ! Si vous êtes libre mais sans sécurité, votre liberté est toute relative car, financièrement parlant, il y a un grand nombre de choses que vous ne pouvez pas faire.

Il en va de même pour une sécurité sans liberté. Vous n'êtes vraiment libre que lorsque vous pouvez faire ce que vous voulez, quand vous le voulez, avec qui vous le voulez, là où vous le voulez. C'est ce que le métier de vendeur professionnel vous donne réellement.

Bien souvent, le débutant ne réalise pas les services qu'il peut rendre en exerçant son métier. Ainsi, à mes débuts, il a fallu un incident bien banal pour m'apprendre que je pouvais être fier du métier que j'avais choisi.

Mon voisin de palier, ingénieur comme je l'avais été, me dit un jour où je le rencontrai en ville : « Il paraît que vous avez rendu service à un de mes amis, en lui expliquant le système des plans d'épargne que vous vendez ; je ne savais pas que vous représentiez un groupe financier. J'aimerais savoir, moi aussi, de quoi il s'agit. »

J'ai donc pris rendez-vous avec ce monsieur pour le lendemain soir et quelle ne fut pas ma surprise de m'entendre dire à la fin de ma présentation : « Dire que vous nous avez fait perdre presque un an depuis que vous vendez ces plans d'épargne ; nous aurions été heureux que vous veniez nous voir à vos débuts ». J'ai appris ainsi que je pouvais rendre service à mes clients potentiels ou actuels en leur apportant le ou les produits dont ils avaient besoin ou envie.

Je me suis ainsi fait des amis dans bien des contrées.

Résumé

1. La vente vous permet d'atteindre l'indépendance financière.

2. La vente vous donne la vraie liberté : celle de travailler avec qui bon vous semble, celle de choisir le lieu de votre travail, celle de décider quand vous reposer.

3. La liberté vous donne la vraie sécurité : celle que vous vous donnez à vous-même.

4. La vente vous permet de rendre service.

10

La vente est une science

Apprendre, c'est enrichissant.

Je vous étonnerai sûrement en vous disant que, pour moi, la vente est une science. Le dictionnaire nous définit le mot « science » par : « connaissance exacte et raisonnée de certaines choses déterminées ; ensemble des connaissances humaines sur la nature, la société et la pensée, acquises par la découverte des lois objectives des phénomènes et leur explication ».

La vente est une science, car elle englobe de nombreux problèmes complexes qui ne peuvent être résolus que par des principes exacts. Tout comme le médecin doit savoir faire un diagnostic et, ensuite, soigner le malade, le vendeur doit apprendre et appliquer les bases fondamentales et le savoir-faire de la vente.

De nos jours, il existe de nombreux cours, séminaires, livres et cassettes sur la vente. À mes débuts, ils étaient encore bien rares. J'ai dû souvent prendre exemple sur d'autres vendeurs, commettre mes erreurs et surtout apprendre par moi-même.

Lorsque nous enseignons la vente aujourd'hui, nous nous servons d'un magnétoscope ; le débutant peut donc voir ses erreurs et les corriger avec son professeur. À mes débuts, je pratiquais devant un miroir, les magnétoscopes n'existant pas encore.

Il faut donc apprendre et surtout pratiquer. Il faut également connaître les règles de base de la vente. Avant de pratiquer un sport, il faut en connaître les règles et les suivre. Un athlète qui cesse de s'entraîner ne suit pas la règle ; en négligeant son entraînement, il fait un pas en arrière. Il en est de même pour la vente.

Toutes les belles ventes, et surtout celles dont vous avez entendu parler, ont été réalisées par des professionnels qui connaissaient et suivaient les règles.

Nous sommes un peu comme les chirurgiens : tant qu'ils ne connaissent pas toutes les différentes phases d'une intervention, ils risquent fort de ne pas réussir leur opération. Pour le vendeur, c'est la même chose ; il doit connaître les règles de base.

En plus des règles de base, il vous faut nécessairement :

* étudier pour mieux comprendre la psychologie de la vente ;

* connaître à fond le produit ou le service que vous vendez ;

* garder l'esprit ouvert pour emmagasiner des concepts nouveaux (pour vous !) ;

* perfectionner vos techniques en prenant exemple sur d'autres ou en vous servant de vos erreurs ;

* pratiquer ce que vous avez appris pour ensuite recommencer à étudier.

Si vous suivez ces recommandations, vous deviendrez, sans aucun doute possible, un vendeur professionnel, reconnu comme tel.

Lisez et même étudiez tout ce qui est écrit sur le produit que vous vendez ; vous devez connaître à fond ce dont vous parlez avant de convaincre autrui de l'acheter.

Les réponses aux questions techniques doivent vous venir sans hésitation, afin que vous puissiez développer votre présentation de vente à votre mesure.

Quand vous lisez, demandez-vous : « Comment puis-je mettre cette idée à profit ? Comment puis-je tirer avantage d'une situation comme celle-ci ? » Cela vous aidera dans vos prochaines ventes.

Chaque vendeur perd des ventes ; l'étude et la réflexion peuvent vous permettre d'en perdre moins. La connaissance de ceux qui vendent, de ceux qui achètent, de ce qu'ils achètent ou vendent, du pourquoi ils achètent, quand et comment, peut souvent vous éviter la perte d'une vente. Lisez beaucoup, souvent ; même le journal peut être utile. Le fait de savoir que votre client du lendemain doit assister au déjeuner de son club vous évitera peut-être d'être « coupé court » au cours de votre présentation de onze heures.

Faites des recherches de marché. Prenez le temps d'étudier comment votre produit ou service peut être utile à vos prochains clients. Faites-le systématiquement et avec méthode. Vous risquez de perdre des ventes par manque de savoir.

Plus vous connaîtrez votre produit et votre industrie, plus vous pourrez vendre avec créativité. Vous sortirez de l'ordinaire ; vos clients vous écouteront et vous respecteront ; vous parlerez en connaisseur et vous vendrez mieux et plus.

Résumé

1. Lisez beaucoup et souvent. Tous les jours, consacrez une certaine heure à la lecture.
2. Faites vous-même des études de marché.
3. Gardez l'esprit ouvert aux idées et suggestions des autres.
4. Perfectionnez votre technique par tous les moyens dont vous pouvez disposer.

11

Recruter ou parrainer ?

Il y a quelques années, vers la fin du siècle dernier, le monde entier a vu naître une nouvelle méthode de vente. En anglais, on la nomme MLM (les initiales de *Multi-Level Marketing*) ou encore vente à réseaux multiples (VRM).

La différence entre la vente directe et la VRM est énorme. Si vous travaillez dans la vente directe, vous travaillez sûrement pour une société. Si jamais vous décidez de vous déplacer dans une autre région ou un autre pays, vous devrez sûrement donner votre démission et recommencer à zéro. Si, par contre, vous travaillez dans une VRM, d'après mes recherches, vous pouvez vous déplacer même à l'étranger sans perdre les bénéfices du volume de ventes du groupe que vous laissez derrière vous.

Lorsque vous fondez votre propre organisation dans une VRM, vous bâtissez en fait un réseau pour vendre vos produits ou services.

La vente au détail est la base des VRM. Ces ventes sont produites par des distributeurs qui partagent les avantages de leurs produits ou services avec les amis, les relations, la famille. Ils n'ont jamais besoin de s'adresser à des inconnus.

Tous les programmes de VRM professent que si vous partagez la qualité des produits ou des services avec des amis, vous n'avez jamais besoin de vendre. Le mot « partage » est plus sympa que « vente » pour tout le monde.

Une autre grande différence entre la vente directe et les VRM est le « parrainage » des distributeurs. Dans la vente, il s'agit de recruter quelqu'un. Il ne faut donc jamais confondre parrainer et recruter. Lorsque vous parrainez un ami ou membre de votre famille, vous leur enseignez ce que vous faites, vous-même. Et, ce que vous faites, c'est bâtir votre propre entreprise.

En d'autres mots : dans la vente directe, vous embauchez un autre vendeur. Dans la VRM, vous parrainez un ami en promettant de lui apprendre ce que vous faites et comment vous le faites. Une dernière chose à se rappeler : dans une VRM, si un produit n'est pas vendu, nul n'est payé un seul centime.

Cette dernière phrase est la base essentielle de la différence entre les combines frauduleuses (appelées pyramidales) et les véritables VRM. Dans une combine pyramidale, on est payé pour seulement parrainer quelqu'un sans qu'aucun produit ou service n'ait été vendu. Cette pratique est illégale dans tous les pays.

Il faut également noter que les VRM sont les seuls vecteurs qui permettent à un inventeur ou un industriel de mettre sur le marché un produit nouveau sans avoir à investir beaucoup d'argent, ou encore sans devoir abandonner un produit à quelqu'un qui possède le capital nécessaire pour le mettre sur le marché mondial et le faire connaître au public.

Après avoir étudié les avantages des VRM, je suis venu à la conclusion que l'inventeur de cette méthode efficace devait avoir étudié toutes les armées du monde. Vous savez que, dans toutes les forces armées, un officier n'a jamais plus de 5 ou 6 subalternes qu'il dirige directement (avec quelques exceptions bien sûr.) Le même principe s'applique aux VRM. Ces VRM enseignent à leurs disciples que nul ne peut effectivement superviser d'une façon soutenue et efficace 50 personnes ou plus. Ils répètent sans cesse : « Vous n'avez que 5 ou 6 personnes que vous parrainez, mais à qui vous enseignez complètement comment parrainer quelqu'un d'autre et d'autres, et d'autres… »

Le secret des VRM est que l'on gagne beaucoup d'argent en ayant un grand nombre de personnes qui font chacun un peu, et non pas seulement quelques personnes qui font beaucoup (comme dans la plupart des forces de ventes à travers le monde).

Nombreux sont ceux qui sont devenus des millionnaires en peu de temps dans une VRM à travers le monde. Mais sachez que, pour ce faire, il faut avoir le bon produit ou service, dans votre région.

Résumé

1. Dans les VRM, un produit ou service doit être vendu avant que quelqu'un puisse être payé.

2. Une VRM permet de bâtir une organisation dans laquelle un grand nombre de personnes vendent quelques produits ou services.

3. La publicité se fait surtout de bouche à oreille.

4. Vous « partagez » le savoir, l'organisation et les produits avec quelques amis, voisins et famille.

5. Vous ne parlez jamais à des inconnus.

6. « Partager » et « parrainer » sont les mots qui remplacent « vendre » et « recruter ».

12

Les premiers pas

Vos connaissances, acquises par :

◆ l'enseignement reçu ;

◆ vos échanges avec vos collègues ;

◆ vos observations ;

◆ votre expérience pratique ;

vous permettront dès le départ de développer votre habileté.

Si vous prenez de bonnes habitudes tôt dans votre carrière, vous progresserez plus rapidement. En fait, je crois qu'au départ, après avoir développé vos connaissances, il vous faut : penser, développer votre confiance en vous-même, faire un plan de travail et l'appliquer. Prenons ces points un par un.

Penser

Il faut tout d'abord penser à acquérir une bonne attitude mentale et développer de saines habitudes de travail.

Pratiquement tout ce que nous faisons dans notre vie de chaque jour est régi et contrôlé par des habitudes prises très tôt dans notre existence. Ensuite, il faut penser positivement, avec optimisme, au succès que vous allez avoir. Vous devez vous rappeler qu'un homme devient ce qu'il pense.

Développer votre confiance en vous-même

La réussite dans la vie provient en grande partie de la confiance en soi. Tôt dans ma carrière, j'ai découvert le meilleur moyen de développer la confiance en soi : apprendre à parler en public. J'ai remarqué plus tard que des milliers de vendeurs dans le monde ne réussissaient pas dans leur profession parce qu'ils avaient du mal à s'exprimer et à énoncer leurs idées clairement. Même si vous avez toutes les connaissances possibles, cela ne servira qu'à vous-même, si vous n'apprenez pas à en parler aux autres.

J'ai connu, en revanche, un grand nombre de jeunes vendeurs qui ont été promus tôt dans leur carrière, surtout parce qu'ils savaient parler avec aplomb.

Il existe des clubs spécialisés qui incitent leurs membres à parler en public à leurs déjeuners hebdomadaires. S'il existe un club de ce genre dans votre localité, je vous conseille fortement de vous y inscrire. Il existe également des cours qui aident énormément à développer la confiance en soi. Le meilleur que je connaisse est celui de Dale Carnegie, dispensé dans de nombreux pays.

Pendant les années que j'ai passées en tant qu'instructeur de vente, j'ai remarqué que ceux qui manquaient le plus de confiance en eux-mêmes étaient souvent ceux qui avaient soit un handicap physique, soit un manque total de bonnes manières ou encore un manque de connaissances. Ceux qui étaient paresseux de nature, qui ne

© Éditions d'Organisation

savaient pas s'habiller convenablement ou qui doutaient de leurs possibilités, étaient peut-être moins difficiles à convertir que ceux du premier groupe.

De toute façon, quand on veut, on peut ; pour réussir dans notre métier, il faut vouloir acquérir la confiance en soi.

Faire un plan de travail et l'appliquer

Pour augmenter votre rendement, il faut également apprendre à faire un plan de travail. Tous les vendeurs de mérite, les professionnels, en ont un. Faites-le vous-même, tôt dans votre carrière. Vous devez planifier votre journée.

Ne partez pas à l'aveuglette ! Votre efficacité en serait affectée. Ainsi, si votre métier exige que vos présentations se fassent en famille, le soir chez le client, prenez rendez-vous tôt le matin ou la veille. Vos visites de courtoisie, de service après-vente et autres, devront également se faire au cours de la journée. Prenez l'habitude de faire un planning journalier ; vous découvrirez vite l'avantage d'en faire un pour la semaine, le mois et même la saison à venir.

« Toujours prêt », la formule internationale du scoutisme, est valable dans la vente également. Prenez des notes le plus souvent possible. Vérifiez le contenu de votre serviette ou mallette en partant pour vos prochains rendez-vous aussi bien qu'en revenant de chez un client. Assurez-vous que vous avez tout votre matériel de vente et, si vous utilisez un appareil de démonstration, veillez à ce qu'il soit en parfaite condition de marche. Votre véhicule aussi d'ailleurs !

De nos jours, dans les grandes villes, la circulation intense crée bien des problèmes aux vendeurs qui ont plusieurs rendez-vous dans la journée, en des endroits quelquefois éloignés les uns des autres. Prenez vos précautions et essayez de planifier vos rendez-vous en les groupant dans un même quartier pour le matin, et dans un autre pour l'après-midi. Cela vous évitera une sérieuse perte de temps et des annulations de rendez-vous.

Plus que tout, rappelez-vous toujours : dans notre profession, le temps, c'est de l'argent, et s'il vous faut planifier votre travail, vous devez aussi travailler selon votre plan.

Travailler

Pour beaucoup, le mot travail est synonyme de fatigue, usure, rage, lassitude et même dégoût. Pour vous, le mot doit vouloir dire épanouissement, développement, progrès, plaisir et succès.

Un des meilleurs vendeurs que je connaisse m'a dit un jour : « Le monde est peuplé de personnes disposées… certaines disposées à travailler, d'autres disposées à les laisser faire… » Lorsqu'un individu apprend à aimer son travail, sa tâche devient plus facile, plus légère et plus intéressante.

Parmi les vendeurs que j'ai côtoyés, ceux qui avaient réussi dans leur profession m'ont tous dit qu'à leur avis, ils devaient leur succès au fait de donner quatre présentations de vente à de nouveaux clients tous les jours de la semaine. Le nombre de présentations varie bien sûr avec le produit que vous représentez. Tâchez donc de répartir judicieusement votre temps et votre énergie.

Sachez qu'au cours d'une présentation normale, un vendeur parle au rythme de 135 mots/minute. Pour une présentation d'une heure, il devra donc prononcer quelque 8 000 mots. Il est intéressant de noter que l'énergie nécessaire à les dire est à peu près égale à celle d'une marche de 40 km. Pensez un peu au nombre de muscles utilisés pour activer les poumons, la gorge, le larynx, les mâchoires, la langue et les lèvres lorsqu'on prononce un seul mot ! Il a été prouvé que l'homme peut penser quatre fois plus vite qu'il ne parle. Vous avez donc le temps de réfléchir avant de parler ; n'oubliez pas que les paroles coûtent cher dans la vente.

Le travail conserve la santé.

Résumé

1. **Une attitude mentale positive est essentielle.**
2. **L'homme qui a confiance en lui-même réussit.**
3. **Planifiez votre journée, votre semaine, votre mois, votre saison.**
4. **Travaillez avec plaisir, entrain et confiance.**

13

Organisez-vous

Dès le début de votre carrière, si vous appliquez le dicton **« une place pour chaque chose et chaque chose à sa place »**, vous réussirez mieux que les vendeurs brouillons. Observez les bureaux des bons vendeurs et vous verrez qu'ils sont bien organisés.

À San Francisco, il y a quelques années, s'est tenu un congrès qui avait pour thème « les plans d'épargne et les assurances vie ». En y assistant, j'ai eu la chance d'y rencontrer le meilleur vendeur des États-Unis de l'année. Un hebdomadaire américain avait écrit un article à son sujet et avait même dévoilé qu'il travaillait seul, n'avait qu'une seule secrétaire et louait un tout petit bureau dans la banlieue de sa ville. J'étais persuadé, d'après son chiffre d'affaires, qu'il devait avoir des bureaux importants et un personnel conséquent. Il me précisa alors qu'à son avis, un bon vendeur ne devait passer que le moins de temps possible dans son bureau.

Pour vos dossiers, listes, statistiques, etc. (décrits ci-après), je vous recommande fortement l'ordinateur personnel. Les petits modèles portables sont les plus utiles pour nous vendeurs, car ils peuvent aisément être utilisés en voiture, à la sortie de chez un client.

Le bureau d'un vendeur doit être son « laboratoire » où il prépare et fabrique ses ventes ; il doit y passer peu de temps.

À mes débuts, je m'étais fait deux écriteaux que j'avais accrochés près de la porte de mon « labo ». L'un d'eux disait : « Combien de ventes va me rapporter ce que je fais en ce moment ? » Un autre était un grand thermomètre, dont je vous parlerai plus loin. Ce premier écriteau me ramenait toujours vers des gestes précis, concrets et utiles, chaque fois que j'avais tendance à m'égarer.

Quels sont les documents et dossiers utiles au vendeur ?

Voici quelques suggestions ; les documents, bien sûr, varient quelque peu suivant le produit que vous représentez (si vous utilisez déjà un ordinateur, il est facile de les adapter à votre logiciel ; il n'y a pas si longtemps, nous devions tenir tous ces documents à la main !).

1. Une fiche de prospection pour chaque acheteur éventuel qui a déjà été visité et par conséquent qualifié. Certains préfèrent utiliser un cahier ou un registre, car les fiches se perdent plus facilement et exigent un classement. Sur un cahier, les clients revus et disqualifiés peuvent être barrés.

2. Une fiche pour chaque client, où l'on retrouve tous les renseignements nécessaires à un renouvellement de commande. Certains aiment y ajouter la date de naissance de leur client, les prénoms des enfants, de l'épouse, etc. Ainsi, il est facile d'envoyer des vœux, félicitations, etc. si on le désire. Lorsqu'un client

potentiel devient client, la fiche de prospection est détruite ou transférée d'un dossier à l'autre, si vous utilisez l'ordinateur.

3. Éventuellement un dossier correspondance si votre secteur de vente est très vaste.

4. Un dossier de clients potentiels « disqualifiés » que vous pouvez consulter de temps en temps afin de vérifier si les circonstances ont changé et sont plus propices à la vente de votre produit.

5. Une liste des personnes à voir sur la recommandation de vos clients. Ces noms se retrouveront sur les fiches de prospection dès votre première visite.

6. Un dossier « suite à donner », pour l'année en cours, qui permet de revoir chaque mois des clients potentiels à des dates précises. Si votre client vous a dit : « Revenez donc me voir en septembre, à la rentrée », vous lui avez bien sûr demandé : « Préférez-vous le 4, le 16 ou le 30 ? »

7. Le plus simple des livres comptables ou logiciels pour enregistrer vos ventes, commissions, dépenses et autres renseignements financiers ou fiscaux. J'ai remarqué que les statistiques personnelles sont également très utiles à l'amélioration du rendement.

Ainsi, il est bon de consacrer deux ou trois heures chaque fin de mois pour revoir les ventes réalisées, et pour en tirer les renseignements suivants :

◆ L'heure de la journée la plus propice au meilleur rendement (dans mon cas, les fins d'après-midi étaient néfastes, peut-être mes clients étaient-ils fatigués, ou bien avais-je moi-même perdu mon efficacité du matin). D'autres personnes de ma connaissance ont du mal à se mettre en route tôt le matin.

◆ Le métier des clients (de par mon métier antérieur, j'avais plus de facilité à communiquer avec des ingénieurs ou des techniciens parce que nous parlions le même langage).

◆ Les périodes de l'année où les ventes se font le plus facilement (on peut ainsi redoubler d'efforts pour compenser les périodes calmes). Dans un pays froid, comme le mien, c'est au printemps ou en été que les automobiles se vendent le mieux. Un vendeur professionnel prendra donc ses vacances en hiver.

◆ Le nombre de ventes réalisées grâce à des annonces, ou après des rendez-vous pris par téléphone, ou encore sollicitées par courrier.

Résumé

1. **Une place pour chaque chose et chaque chose à sa place.**

2. **Faites un minimum d'effort pour un maximum de ventes.**

3. **Utilisez des fiches et dossiers « clients, clients potentiels, références ».**

4. **Augmentez vos ventes grâce à vos statistiques personnelles.**

14

Un but « réel » est important

Pour se surpasser, l'homme doit avoir un but ; ainsi l'athlète se fixe comme but de gagner la compétition, le général d'armée de gagner la guerre. Le vendeur, lui, surtout au début, se donne comme but de gagner autant d'argent que possible.

Nous savons cependant qu'il existe d'autres buts, tels que : le désir de s'imposer à l'estime publique, l'avancement culturel, le prestige, la fonction de chef, les déplacements, la puissance politique qui mène au pouvoir, etc. Tous ces buts permettent à l'homme d'intensifier ses efforts afin de réussir.

Tous les avantages matériels que nous désirons pour nous-mêmes ou pour notre famille dépendent de **l'argent**. La société actuelle ne nous permet pas d'en manquer. C'est la raison pour laquelle l'objectif de tout vendeur ambitieux est d'augmenter ses ventes pour améliorer son revenu. Certains se fixent d'autres buts, mais ils ont aussi besoin d'argent pour les atteindre.

À mes débuts de vendeur, mon directeur me suggéra de me fixer un objectif concret. Je décidai que mon but serait de m'acheter une des plus belles voitures de sport de l'époque, et j'allai chez le concessionnaire pour en connaître le prix. Celui-ci me donna également un merveilleux dépliant en couleur qui mettait en évidence tous les avantages de la voiture.

De retour à mon bureau (situé alors chez moi), j'ai épinglé la photo de mon rêve bien en vue sur le mur, en même temps, je me suis dessiné un énorme thermomètre, qui indiquait dans sa partie supérieure le prix de la belle voiture que je voulais m'offrir. En rentrant de mes rendez-vous, je remplissais le mercure de mon thermomètre au crayon rouge, en prenant comme base la moitié des commissions gagnées sur mes ventes de la journée. En quelques mois, j'avais mis de côté suffisamment d'argent pour payer comptant le rêve de ma vie.

Je dois vous dire que, finalement, je ne me suis pas acheté cette voiture-là, car elle n'aurait pas été pratique pour mon métier ? Et puis, j'avais déjà d'autres rêves plus ambitieux encore. Cependant, le but concret que je m'étais fixé avait été atteint. En me fixant cet objectif, j'avais fait des progrès, j'étais satisfait de moi-même, car j'avais réalisé un plus grand nombre de ventes, et surtout je n'avais pas cédé à la paresse qui est l'ennemi numéro un du vendeur.

Par cette première expérience personnelle, suivie de beaucoup d'autres, j'ai pu aider un grand nombre de jeunes vendeurs débutants. J'avais appris que l'objectif financier d'un vendeur devait être **réalisable**, mais pas trop facilement.

En prenant des cours de psychologie, il y a quelques années, j'ai été surpris par la réponse de mon professeur quand je lui ai demandé si le fait d'abandonner un rêve ou une ambition était un signe de faiblesse. Il m'a dit :

« Pour certains, l'abandon peut provenir d'un bon jugement et même d'un caractère fort. La persistance dans la
poursuite d'un objectif irréel peut vous entraîner vers une
désillusion totale ; fréquemment, la vanité sera trop forte
pour abandonner, ou encore, il s'agira d'un entêtement
féroce. » Ainsi, je vous étonnerai sûrement en vous disant
que, pendant mes dernières années de dirigeant de
réseaux de vente, j'ai remarqué qu'il était souvent plus
difficile de faire abandonner la carrière de vendeur à
quelqu'un qui ne réussissait pas, que d'engager de nouvelles recrues.

Pour déterminer le revenu qu'il veut atteindre, le vendeur devrait utiliser beaucoup de bon sens et ne pas rêver
à l'impossible. Fixez-vous un objectif réel, quelque chose
de palpable, de tangible ; ne rêvez plus !

En ce qui concerne votre revenu annuel, si vous travaillez
uniquement à la commission, faites un petit calcul rapide.

1. Considérez le nombre de ventes que vous avez réali-
    sées dans les derniers douze mois.

2. Calculez le nombre de présentations que vous avez
    faites au cours de cette année-là.

3. Divisez le nombre de présentations par le nombre de
    ventes.

Vous obtenez ainsi votre moyenne **présentation/vente**.
En divisant votre revenu annuel brut par le nombre de
ventes réalisées, vous obtenez la moyenne de revenu par
vente.

Statistiques : un vendeur moyen fera en général une
vente sur cinq présentations ; un débutant une vente sur
dix présentations ; un excellent vendeur : une vente sur
trois présentations.

Si chaque vente vous rapporte disons 300 euros en moyenne, et qu'il vous faut faire trois présentations pour réaliser cette vente et ce montant de commissions, il est facile de voir que chaque présentation vous rapporte donc 100 euros.

Si vous faites trois présentations par jour, vous aurez donc gagné 300 euros, que vous ayez réalisé une vente ou non ce jour-là ! Si vous travaillez 200 jours par an, vous aurez donc gagné : 300 euros × 200 = 60 000 euros.

Reprenons ce calcul à l'envers : si vous vous êtes fixé comme objectif un revenu annuel de 60 000 euros, il vous faudra donc faire au moins 60 000 / 100 = 600 présentations au cours de l'année. Si vous ne travaillez que 200 jours, cela veut dire trois présentations par jour.

Il est aisé de voir, que, pour augmenter votre revenu, il vous suffit simplement de vous améliorer. Car, si vous arrivez à conclure une vente sur deux présentations au lieu de trois, vous pourrez gagner : 300 / 2 = 150, c'est-à-dire 150 × 600 = 90 000 euros par an. Le but, à moyen et long terme, au cours de votre carrière, devra donc être d'améliorer votre savoir-faire pour conclure des ventes.

Résumé

1. Il y a beaucoup d'objectifs qui valent l'effort. Trouvez le vôtre ; vous faciliterez votre réussite en cherchant à l'atteindre.

2. Dans le métier de la vente, il est bon de se choisir, comme objectif à long terme, un revenu progressif.

3. À court terme, prenez comme but un objet palpable ou visible.

4. Calculez votre revenu par présentation. Ensuite, appliquez-vous à augmenter votre moyenne vente/présentation. Vous augmenterez ainsi votre revenu sans attendre une augmentation des taux de commission payés par votre entreprise.

15

Nous avons tous peur...

Tous les vendeurs ont eu peur avant de faire face à leur premier client. Tout comme l'acteur ou l'athlète, le vendeur a le trac. Il est dit que les meilleurs continuent même à avoir le trac au cours des années.

Un coureur à pied prépare sa course au moins une centaine de fois dans son esprit. Avant le jour de la compétition, il se voit à la position de départ et fait un tour de reconnaissance de la piste. Il décide d'avance ce qu'il fera si la course a lieu un après-midi ensoleillé ou encore s'il doit courir sous la pluie.

Un vendeur doit également « voir » tout ce qui concerne la vente qu'il va faire. Il doit être prêt. Tout comme l'acteur qui a répété de nombreuses fois la pièce qu'il va jouer, le vendeur devra être préparé pour arriver à surmonter son trac.

Mon directeur des ventes m'a beaucoup étonné, à mes débuts, lorsqu'il m'accompagnait pour assister à mes ventes. En sortant de la voiture, devant la maison des clients potentiels avec lesquels j'avais pris rendez-vous, il se mettait à siffler un air connu. Il n'arrêtait de siffler qu'au moment où il mettait le doigt sur la sonnette. J'ai vite compris que c'était sa façon de vaincre le trac.

Vous pouvez le faire !

Le petit mot « si » existe dans toutes les langues. Le mot lui-même dénote une condition et une condition implique une incertitude. Une incertitude produit de la confusion et la confusion ne permet pas la réussite.

Il faut donc que vous arriviez à éliminer les « si » dans votre vie pour commencer votre émancipation mentale. Celle-ci vous permettra d'atteindre le succès. Je pense que vous pouvez arriver à faire ce que vous désirez dans la vie et atteindre votre but pour peu que vous le vouliez vraiment.

Vous pouvez le faire quand vous déterminez vous-même ce que vous entendez par « succès » et comment remporter ce que vous désirez. Chaque individu a son idée personnelle du succès. Pour certains, c'est devenir meilleur dans sa profession ; pour d'autres, c'est être reconnu du public, devenir célèbre ; pour d'autres encore, c'est tout simplement gagner plus d'argent.

Il faut savoir éliminer dès le départ tous les doutes qui peuvent venir vous tracasser. Les pensées négatives sont les embûches du vendeur.

Vous devez également éliminer la peur de votre vie. Les deux formes de peur les plus communes sont :

◆ la peur d'échouer ;

◆ la peur des autres.

Bien des vendeurs, parmi ceux que j'ai connus, ont toujours peur de « se faire mettre à la porte » par le client. C'est le genre de peur qui porte atteinte à l'amour-propre.

Lorsque j'ai commencé à enseigner la vente, j'ai étudié les statistiques américaines et européennes et j'ai découvert, à mon agréable surprise, qu'aucun vendeur ne s'était jamais fait maltraiter physiquement en se présentant chez un client potentiel. N'ayez donc aucune crainte d'augmenter les statistiques à ce sujet !

Essayez d'éviter de penser aux capacités innées. Ces pensées ont malheureusement donné des appréhensions permanentes à de nombreuses personnes qui se demandent encore ce qu'elles peuvent ou ne peuvent pas faire.

Peu de gens se rendent compte que nul n'est né « quelqu'un » ou « quelque chose ». Un médecin ne naît pas médecin, pas plus qu'un avocat ne naît avocat. Chacun d'eux aurait facilement pu devenir un ingénieur capable s'il s'était orienté vers cette profession-là, ou si son environnement l'y avait poussé. Ainsi, vous aussi pouvez le faire, quand vous cessez de croire que vous êtes limité dans votre capacité d'apprendre, de produire et de vous améliorer, afin d'avoir le plus de succès possible. En pensant de cette manière, vous éliminerez votre peur, même si vous avez malgré tout un peu le trac.

Résumé

1. Pensez à votre prochaine vente.
2. Éliminez le « si » de votre vie quotidienne. Ne pensez plus au conditionnel.
3. Pensez positivement. N'ayez plus peur d'autrui ni de l'échec.
4. Répétez-vous sans cesse : « Je peux le faire », et faites-le ! Vous êtes ce que vous pensez être.

16

La bienveillance paye

Il vous est sûrement déjà arrivé de passer devant une vitrine de magasin, et d'y voir un objet dont vous aviez besoin ou envie ; vous êtes entré et vous vous êtes trouvé confronté avec un vendeur ou une vendeuse désagréable, ou qui vous a mal reçu. Sans hésiter, et malgré l'envie que vous aviez d'acheter l'objet en question, vous êtes ressorti les mains vides. Une vente venait d'être manquée !

Souvenez-vous toujours que, dans la vente directe, lorsque vous vous présentez devant votre client, celui-ci peut avoir la même réaction. Il dépend donc de vous que la première impression soit favorable, vous évitant ainsi l'expérience désastreuse décrite plus haut.

Tous, nous achetons de préférence à des personnes qui nous paraissent sympathiques et agréables. Preuve en est : la ménagère elle-même n'hésite pas à changer de boucher ou de crémière si elle les trouve désagréables.

Il vous faut donc apprendre d'abord à vous vendre à votre client, avant même de lui parler de votre produit ou service. Cela peut prendre très longtemps, mais peut aussi se faire en quelques secondes si l'impact est favorable. De toute façon, il faut que cela se fasse.

Habituez-vous dès le début à penser d'abord à votre client et à ses intérêts. Toujours ! Votre intérêt ne vient qu'après ! Nous sommes toujours prêts, tous, à sympathiser avec les gens qui nous montrent de l'intérêt et s'occupent de nous.

L'un des meilleurs vendeurs que je connaisse agit toujours de cette manière, mais ses paroles et actes ne sont pas calculés ; il aime le monde naturellement et cherche sans cesse à faire plaisir. Il s'intéresse sincèrement à ses clients et les aide chaque fois qu'il le peut. Sa réussite est certainement l'une des plus spectaculaires de sa ville.

Lors de ma cinquième vente, au début de ma carrière, j'ai pu me rendre compte de l'importance du désintéressement personnel ; mon client me surprit agréablement en adhérant doublement au plan d'épargne que je lui proposais : en effet, il désirait un plan à son nom et un autre à celui de sa femme. Je venais de faire deux ventes au lieu d'une ! Inutile de vous dire que j'étais ravi. Cependant, le soir, au moment de l'enregistrement de mes ventes, je m'aperçus que si j'avais recommandé à mon client de ne prendre qu'un seul plan, d'un montant double, conjointement avec son épouse, il aurait économisé plus de 15 % des frais.

Il fallait être novice, bien sûr, pour ne pas l'avoir vu tout de suite, et j'ai décidé alors de retourner voir mon client et de lui expliquer la situation. C'est avec joie qu'il signa un nouveau formulaire en ne cessant de me répéter combien il appréciait ce genre de service, sans même savoir que ma commission diminuait sérieusement. Je me suis fait un ami en plus d'un client, et les nombreuses recommandations qu'il me donna auprès d'amis et relations compensèrent largement les commissions perdues.

Pensez toujours à ce que vous pouvez faire pour votre client avant de penser à vos gains. Tous les vendeurs savent cela, mais beaucoup ont tendance à l'oublier.

Pour paraître toujours agréable, aimable et serviable, observez la règle d'or de la vente : **faites aux autres ce que vous aimeriez que l'on vous fasse**, ou **faites pour les autres ce que vous aimeriez que l'on fasse pour vous.**

Personne n'aime être critiqué ; ne critiquez donc pas votre client, ne le corrigez pas ! Un bon vendeur de vêtements me dit un jour : « Je ne critique jamais les vêtements d'un homme qui entre pour m'acheter un costume, même s'ils sont affreux. Il les a sûrement achetés parce qu'il les aimait, et si je les critiquais, il se sentirait humilié et me haïrait certainement. Je me contente de le guider dans son nouvel achat. »

Ce même principe est valable pour toutes les ventes, que ce soit de produits tangibles ou intangibles.

Je connais un grand nombre d'agents d'assurances qui ont perdu vente après vente pour avoir critiqué ou dénigré la police souscrite auparavant par leur client. En agissant ainsi, ils sous-entendaient en fait : « Quelle idiotie vous avez fait là, monsieur, vous n'auriez jamais dû. » Même sans le dire vraiment, le résultat est le même ; la susceptibilité du client est froissée, et il trouve son interlocuteur antipathique.

Ne discutez jamais

N'entreprenez pas, par plaisir, des discussions à controverse. Les Latins ont tendance à aimer les discussions fortes ; il faut les garder strictement pour la vie privée. En tant que vendeur, il faut savoir être réservé et imperméable aux opinions des autres, ce qui ne signifie pas que vous ne devez pas avoir vos propres opinions.

Au cours d'une vente, il est bon de « laisser dire » et de respecter les idées exprimées par votre client.

Il est également dangereux de se moquer, même sur le ton de la plaisanterie ! Un jeune vendeur avec lequel j'étais sorti un jour s'était permis de corriger la prononciation d'un mot de son client. Celui-ci se sentit ridicule, se buta et mit rapidement fin à l'entretien. La vente était perdue !

Dites-vous : « Qu'est-ce que cela peut me faire ? Laissons-le dire ce qu'il veut, c'est son droit. Moi, je suis ici pour faire une vente et non pas pour relever les erreurs des autres. » Essayez !

Vivre en harmonie avec les autres est de première importance pour un vendeur. Celui qui irrite ou ennuie continuellement les autres doit exercer un métier qui ne le mette pas en contact avec le public. Il est à remarquer qu'il aura quand même des problèmes de bonne entente avec ses collègues, car rares sont aujourd'hui les métiers permettant de travailler absolument seul !

Les vendeurs offrent leur produit ou service à toutes sortes de personnes : certaines sont aimables et les reçoivent gentiment, d'autres sont agressives ou de mauvaise humeur. Peu importe : avec son sourire, le vendeur doit établir la communication, avec entrain et sympathie. C'est la meilleure façon de désarmer la mauvaise humeur car la joie de vivre est contagieuse.

En règle générale, si le client ne vous aime pas, il n'achètera pas votre produit, et il ne sympathisera pas avec
vous. Il n'éprouvera pas le désir, non plus, de se rendre
sympathique à votre égard. Vous devrez donc vous effor-
cer de découvrir un côté de votre client que vous pourrez
admirer en toute sincérité. L'admiration d'autrui déclenche toujours un sentiment de bien-être et de détente qui
peut changer toute l'attitude de votre client. Pendant ce
moment de détente, vous trouverez certainement
d'autres éléments qui briseront définitivement la glace, et
seront compatibles avec votre personnalité.

Efforcez-vous toujours d'être aimable et de bonne
humeur et vos ventes se multiplieront.

Résumé

1. **Nous achetons toujours plus volontiers à des personnes qui nous sont agréables et sympathiques.**

2. **Intéressez-vous sincèrement aux autres, surtout à vos clients.**

3. **Les intérêts de vos clients passent en premier. Les vôtres viennent après.**

4. **Faites pour les autres ce que vous aimeriez que l'on fasse pour vous.**

5. **Ne discutez pas !**

6. **Ne critiquez pas !**

7. **Restez calme et aimable en pensant toujours : « Je suis ici pour conclure une vente. »**

17

L'habit fait le moine

Pendant une période de recrutement à Montréal, notre réceptionniste passa sa tête par la porte de mon bureau pour m'annoncer que quelqu'un de très spécial venait de se présenter. Elle paraissait si étonnée que je décidai de faire entrer mon visiteur sur-le-champ.

L'homme qui apparut devant moi était vêtu d'un costume sombre et portait un turban de soie de couleur claire de la même teinte que sa cravate. Sa barbe fournie laissait entrevoir un sourire franc et jovial.

Il s'agissait d'un ingénieur de New Delhi, qui devint l'un de nos meilleurs vendeurs ; en effet, personne ne refusait jamais de le recevoir, n'était-ce que par curiosité, et tous l'écoutaient avec plaisir. Cette expérience ne fit que renforcer ma conviction.

Tôt dans ma carrière, par instinct je pense, j'ai été persuadé qu'il fallait être bien vêtu mais différent pour réussir mieux que les autres.

Quand un vendeur s'approche de vous, que remarquez-vous ? Au premier coup d'œil, vous enregistrez sa tenue : correcte ou non correcte, qui vous plaît ou vous déplaît.

Puis, vous remarquez les détails : ses chaussures, sa cravate, sa coiffure, son visage, ses mains, un tout en somme. L'impression du premier instant restera gravée en vous.

L'effet qu'il aura produit sur vous, qu'il soit bon, mauvais ou indifférent, vous l'associerez toujours avec lui. Rappelez-vous que la même chose s'applique à vous, et vous comprendrez l'avantage que vous pouvez avoir à paraître différent et intéressant ; ne tombez pas cependant dans l'excentricité.

Les gens ont tendance à se rappeler une personne plutôt qu'une autre, à cause de cette petite « différence » qui peut même aller jusqu'à suggérer un surnom.

Pourquoi pas ? Réfléchissez quelques instants : vous rappelez-vous du vendeur qui vous a vendu votre avant-dernière voiture ? Ou encore du vendeur qui vous a vendu votre dernière police d'assurance ou celui qui est venu frapper à votre porte pour vous offrir une encyclopédie pour vos enfants ?

Vous vous souvenez sûrement d'un vendeur que vous avez connu dans le passé. Pourquoi celui-ci plutôt qu'un autre ? Peut-être à cause de la petite « différence » dont je vous ai parlé plus haut.

Même si quelqu'un ne se rappelle plus votre nom, il dira peut-être : « Ah ! oui, celui qui porte toujours des chaussures de daim », ou encore « celui qui fume ces petits cigarillos », ou « ce vendeur qui a toujours cette belle épingle à cravate ».

Soyez toujours bien vêtu, mais avec sobriété. N'hésitez pas à vous habiller chez un bon tailleur ; ce que vous aurez dépensé pour vous-même vous sera rendu au centuple par les ventes que vous ferez.

© Éditions d'Organisation

Devenez une personne de marque, pour que l'on vous distingue des autres sans toutefois paraître excentrique.

Cultivez votre voix

Certains vendeurs donnent de leur produit une présentation tellement morne et peu intéressante que la plupart de leurs interlocuteurs ne les entendent même pas. Ils peuvent être comparés aux prédicateurs qui endorment leur auditoire.

Il est certain que ce n'est pas toujours facile, car notre métier est bien fatigant, surtout en fin de journée, après avoir répété les mêmes paroles et les mêmes explications plusieurs fois. Nous avons donc tendance à nous oublier et nos ventes s'en ressentent.

Nous nous lassons de parler ; comment y remédier ? En nous écoutant toujours parler et en étant en même temps attentif à la réaction de notre client.

L'utilisation d'un magnétophone vous aidera à vous améliorer. Vous devez apprendre à parler avec conviction et souvent changer votre ton de voix. Ne parlez plus sur un ton monotone ! Réagissez : parlez avec animation et utilisez vos mains avec distinction.

Ne tombez pas dans l'excès en parlant trop vite, ce serait nuisible. Il faut que vos paroles retiennent l'attention de votre client et qu'il comprenne tout ce que vous lui expliquez. N'oubliez jamais que vous, vous connaissez votre produit à fond ; lui, il en entend peut-être parler pour la première fois ! Pour qu'il devienne client, il faut qu'il comprenne bien ce qu'il va acheter.

Finalement, efforcez-vous toujours d'articuler distinctement. Un vocabulaire précis, des expressions précises et quelques phrases bien adaptées à votre personnalité, vous aideront beaucoup.

Ne vous laissez pas aller à ce que l'on appelle le « baratin » ; ceux qui « baratinent » vendent peu ou pas, le client se rendant très vite compte qu'on essaie de l'étourdir par des paroles.

L'excès contraire est nocif également ; ne devenez pas « professeur » en noyant votre interlocuteur sous une avalanche de détails techniques qu'il ne comprend peut-être pas. De toute façon, il n'achètera votre produit que si vous avez su le convaincre que c'est dans son intérêt. Le fait d'en connaître aussi long que vous sur le produit ne le décidera pas forcément.

C'est pour cette raison qu'il faut vous habituer à parler peu, mais bien. Soyez toujours clair et précis et vous arriverez à vendre plus et mieux.

Résumé

1. La façon dont vous vous habillez est importante. Soyez sobre et élégant.

2. Ayez quelque chose de distinctif, de différent.

3. La première impression que vous donnez est celle dont le souvenir reste.

4. Devenez une personne « de marque » sans être excentrique.

5. Cultivez votre voix. Utilisez un magnétophone pour étudier vos effets.

6. Parlez avec animation, mais ne parlez pas trop vite.

7. Parlez peu mais bien. Ne donnez pas un cours ! Ne baratinez pas !

18

Serrer la main

Peut-être allez-vous rire en lisant ce chapitre. La poignée de main pour l'Européen et l'Américain du Sud est chose bien courante. Pour le Canadien que je suis, ce fut une grande découverte la première fois que je vins en Europe pour y enseigner la vente.

L'Américain du Nord serre la main à quelqu'un lorsqu'il se présente pour la première fois et lorsqu'il revoit une vieille connaissance après des mois ou des années. Il le fera également pour présenter ses condoléances ou ses félicitations. Nous n'avons pas l'habitude de nous serrer la main tous les matins avec les collègues de bureau.

L'étude de cette coutume, pour moi, a sans doute été la raison pour laquelle, au cours des années, j'ai pris des notes sur la personnalité des gens que je rencontrais, en essayant de définir le caractère d'après la poignée de main.

Plus tard, ayant mis mes remarques au point, et les ayant discutées avec quelques psychologues, j'ai pensé que la connaissance de certaines caractéristiques des poignées de main pouvait être utile dans la vente. Je vous en laisse juge ! Voici ces caractéristiques.

La main molle

C'est celle de la personne dont les doigts font penser à des macaronis trop cuits ! Elle a peu de poigne ; je pense que cette personne a une perspective assez négative de la vie et de l'avenir.

Bien souvent, c'est un pessimiste qui vous donne une poignée de main molle. J'ai remarqué également que beaucoup de ceux qui portent des lunettes noires en permanence avaient ce même genre de poignée de main.

La poignée de main hésitante

C'est celle de la personne qui hésite à vous serrer la main. Ce n'est bien souvent que lorsque vous aurez tendu la vôtre qu'elle va se décider à ramener la sienne de derrière son dos. Elle attend des autres qu'ils fassent le premier geste.

Vous découvrirez peut-être, comme moi, que c'est souvent quelqu'un de continuellement indécis, même dans les événements de la vie courante.

La poignée de main étau

C'est celle qui vous écrase les doigts sans pitié ; on a presque l'impression que cet homme y prend un malin plaisir !

Je pense que ces personnes éprouvent le besoin de démontrer leur force physique, soit en serrant la main, soit, comme ils sont souvent sportifs, en exhibant leurs muscles l'été, à la plage. Ils sont enclins à l'insécurité émotionnelle et il ne faut pas être surpris si ce sont des êtres qui essaient de surmonter un complexe d'infériorité quelconque.

En développant leurs muscles, en soignant leur physique, ils veulent bien souvent compenser ce qu'ils croient, ou pensent, être leur manque.

La poignée de main près du corps

C'est surtout la télévision européenne qui me l'a fait découvrir ; j'ai remarqué qu'elle était celle d'un grand nombre d'hommes politiques (même de l'un des plus grands !). C'est celle où le bras n'est pas tendu, le coude est plié et la main reste près de la poche droite du pantalon. Je pense qu'elle est celle de personnes qui s'observent et se tiennent sur la réserve, qui font attention à leur moindre geste. En principe, ils n'aiment pas prendre de risques et sont peut-être conservateurs.

La poignée de main impulsive

C'est celle de l'homme qui ne manque jamais une occasion de pouvoir serrer la main de quelqu'un. Il le fait en général vigoureusement et plusieurs fois par jour. Il va au-devant des gens, se présente et tend la main le premier. De l'avis des experts, cette impulsion reflète une certaine insécurité et même, quelquefois, la peur de ne pas être accepté.

La poignée de main non serrée

Elle diffère de la poignée de main molle, dans le sens où ce n'est pas vraiment une poignée de main. C'est celle de la personne qui garde sa main rigide et tendue et ne vous tend réellement que ses doigts. J'ai remarqué que, bien souvent, cette personne veut vous faire parvenir le message suivant : « Je ne veux rien avoir à faire avec vous. » Les femmes ont plus tendance que les hommes à vous tendre ce genre de main.

La poignée de main de l'automate

Il a tendance à tendre la main en passant, très vite. Il vous serre la main sans s'en rendre compte, avec une totale indifférence ; il n'exprime aucun sentiment et n'en perçoit sans doute aucun d'ailleurs. Il semble qu'il s'agisse de personnes avant tout préoccupées d'elles-mêmes et de leurs objectifs personnels et qui passent à côté des autres sans les voir même en leur serrant la main.

Le marteau-piqueur

C'est la main qui pompe et qui serre la vôtre mécaniquement. On a l'impression de coups de pistons. C'est le genre de poignée de main donnée par quelqu'un qui a beaucoup de volonté et, même, qui est souvent rigide ou inflexible.

La main captive

C'est la poignée de main de celui qui ne vous lâche plus, qui garde votre main dans la sienne sans la lâcher.

Lorsque cette personne sent qu'elle a capté votre attention, alors, seulement, elle vous lâche la main. Méfiez-vous de cette poignée de main ; elle peut être celle d'un opportuniste, ou de quelqu'un qui va chercher à vous manipuler.

La poignée de main normale

C'est celle qui est différente de toutes celles que je viens de décrire. Directe et franche, elle est le prélude aux bonnes relations, à l'amitié, voire à l'amour. Vous n'aurez pas de mal à la reconnaître !

Je vous ai dit, plus haut, que savoir reconnaître une poignée de main pouvait vous aider dans la vente, c'est vrai ! Car si vous savez tirer parti des traits de caractère des gens que vous prospectez, vous pourrez améliorer vos techniques et atteindre le but que vous poursuivez : obtenir un bon de commande signé.

- Si vous faites face à un opportuniste, il est facile de lui faire miroiter la chance qu'il a de vous avoir rencontré.

- Si vous faites face à une personne déterminée, il est utile de savoir utiliser sa propre détermination pour lui vendre votre service, ou produit.

- À une personne vraiment préoccupée d'elle-même, vous n'aurez aucun mal à faire accepter votre produit ou service, pour peu que vous l'ayez rendu indispensable à sa personne.

- À l'homme hésitant, vous rendrez un grand service en prenant la décision pour lui, sans même qu'il s'en rende compte.

◆ À celui qui manque de sécurité, il faut démontrer qu'il en a, d'une façon quelconque, comme tout le monde ; peut-être votre produit lui en apportera-t-il. Sinon, le manque de sécurité n'exclut pas le besoin et vous devrez d'autant plus vanter votre produit.

◆ Sachez rassurer le pessimiste dès le départ, vos ventes en seront facilitées.

◆ N'hésitez pas à flatter un peu celui qui semble y prendre plaisir. Vous le rendrez heureux et vous ne le regretterez pas.

En résumé, de cette manière, vous allez également développer votre **empathie** (voir chapitre 19).

Résumé

1. Sachez reconnaître le caractère d'une personne par la poignée de main qu'elle vous donne.

2. Utilisez votre « empathie » pour mieux vendre, et de façon différente dans chaque cas.

3. Vous deviendrez rapidement un professionnel de la vente en utilisant un savoir-faire acquis grâce à l'observation et à l'étude de la psychologie humaine.

19

L'empathie

Empathie est un mot venant du grec *pathos* et qui veut dire : maladie, affection, « disposition physique ou morale ». C'est un mot utilisé dans la psychologie de la vente depuis longtemps déjà.

Pour l'expliquer aux vendeurs débutants, je prends toujours l'exemple suivant : pendant la Seconde Guerre mondiale, le tireur de DCA avait un canon ou une mitrailleuse lourde. S'il ne calculait pas bien l'altitude de sa cible, sa vitesse et la vitesse approximative du vent, il avait beau tirer toutes ses munitions, il n'atteignait jamais son objectif. Ce tireur-là peut être comparé à un vendeur **sans empathie**, un homme qui ne comprend pas et ne suit pas l'acheteur éventuel assis à ses côtés.

En revanche, le vendeur **avec empathie** peut être comparé au tireur de DCA de nos jours : celui qui tire une fusée. Celle-ci est attirée par la chaleur dégagée par le réacteur de l'avion qu'elle poursuit. Quoi que fasse l'avion, qu'il monte, qu'il descende ou qu'il vire, la fusée, inlassablement, suit sa cible jusqu'au moment où elle la détruit. Ceci est l'image du vendeur professionnel qui « navigue » avec son client jusqu'au moment où il conclut sa vente. Si ce dernier paraît pressé, il ne perd pas de temps ; si, au contraire, il est détendu, alors il agit avec le plus grand calme et sans hâte.

L'empathie n'est pas innée ; elle s'acquiert à force de volonté et de pratique. Tous les bons vendeurs, les professionnels, ont appris de quelqu'un d'autre à utiliser l'empathie, à l'acquérir.

Comme exemple, je peux vous raconter une expérience personnelle où l'empathie m'a aidé à conclure deux ventes. Une dame avait appelé notre bureau pour qu'on lui envoie un vendeur le soir même, à son domicile. N'ayant pu contacter aucun vendeur à temps ce jour-là, notre réceptionniste me transmit le message.

Je me présentai donc moi-même à l'adresse indiquée, et me trouvai face à la devanture d'une teinturerie. Je frappai à la porte et un homme vint m'ouvrir. Alors qu'il me faisait entrer, une voix féminine, dure, cria de l'arrière-boutique : « Qui est-ce Louis ? Ah ! bon ! Surtout referme bien la porte à clé ! » Dès ce moment, je sus que j'allais faire ma présentation à la dame de la maison et non à son mari, car mon intuition (ou empathie) venait de me souffler à l'oreille : « Ici, c'est la femme qui porte la culotte. » Le ton de commandement utilisé à l'égard de son mari et le fait que c'était elle qui avait téléphoné à mon bureau de vente, me donnaient à penser que c'était elle qui prendrait la décision. Ayant conclu une vente avec elle ce jour-là, je revins deux semaines plus tard pour suggérer un autre plan d'épargne assurance vie au mari ; sa femme, non seulement était d'accord, mais conclut pratiquement la vente pour moi !

L'empathie est non seulement utile dans la vente, elle est carrément essentielle. Vous deviendrez rapidement un professionnel lorsque vous l'aurez acquise.

Résumé

1. L'empathie est la faculté d'adapter sa propre personnalité à celle d'autrui pour mieux le comprendre.

2. L'empathie s'acquiert par la pratique et l'effort.

3. Sans empathie un vendeur risque de ne jamais sortir de la moyenne.

Devant le client

Les premières paroles sont en général la clé du succès ou de l'échec. Mais avant de pouvoir les prononcer, le vendeur doit attendre. En général, il doit le faire dans la salle d'attente (si vous vendez à des professionnels).

Êtes-vous comme moi ? Si on vous fait attendre trop longtemps, vous avez tendance à perdre patience, et souvent votre tension monte. Lorsqu'un client prend un temps déraisonnable avant de vous recevoir, vous commencez à vous demander : « Pour qui se prend-il, celui-là ? »

Si vous avez tendance à vous énerver, vous passez peut-être par une série d'états d'âme. D'abord, vous avez tendance à faire piteuse mine, plus tard vous devenez impatient, pour ensuite devenir contrarié. Avec les minutes et les quarts d'heure qui passent, vous pouvez même être devenu hostile envers votre prospect lorsque la porte de son bureau s'ouvre enfin.

Alors, vous vous dites : « Je suis furieux, mais je ne vais pas le lui montrer. » Détrompez-vous ! Les sentiments se dissimulent très mal et inconsciemment peut-être, votre client va s'en apercevoir. Alors, pourquoi faire démarrer votre présentation sur une note négative ?

Faites plutôt comme le coureur à pied ou l'athlète. Échauffez-vous avant la compétition, car vous serez peut-être aussi obligé de « battre » vos concurrents. Utilisez la salle d'attente pour revoir mentalement la stratégie que vous allez utiliser.

J'ai remarqué qu'en étudiant quelquefois les prospectus ou dépliants dans une salle, on pouvait se faire une meilleure idée de la personne qui allait vous recevoir.

Si vous êtes capable d'attendre patiemment, cela montrera à votre client que vous avez entière confiance dans le produit que vous vendez, et en vous-même aussi.

Votre temps vaut de l'argent

Quelquefois, un client est réellement obligé de vous faire attendre. Il peut être vraiment occupé, ou encore appelé à la direction. Dans ce cas, il n'y a pas grand-chose à faire. En revanche, si vous sentez que vous ne pouvez pas attendre plus d'une demi-heure ou trois quarts d'heure, expliquez votre cas à la réceptionniste ou à la secrétaire, en lui disant simplement : « Je m'excuse, mais j'ai un autre rendez-vous dans un petit moment. Voulez-vous être assez aimable pour expliquer mon cas à monsieur l'acheteur, lorsqu'il sortira. Pouvez-vous me fixer un autre rendez-vous, jeudi 10 heures 30 par exemple ? »

Si vous soulignez l'importance de votre temps, votre client le respectera aussi. J'ai souvent remarqué que, dans les cas de ce genre, le client avait tendance à se trouver légèrement désavantagé au prochain rendez-vous, car il sait qu'il vous a fait perdre votre temps la première fois.

© Éditions d'Organisation

L'endroit est important

L'endroit de votre présentation, suivant le produit ou le service que vous vendez, est très important. À mes débuts, je n'hésitais pas à essayer de vendre à un employé dans un grand bureau ouvert, où il était entouré de collègues. J'ai vite changé de tactique, car j'avais peu de succès. Il m'est même arrivé de me faire réprimander par le chef du personnel d'un bureau.

Il y a certains produits qui se vendent mieux au domicile qu'au bureau des clients. Certains cadres, cependant, préfèrent discuter leurs affaires personnelles à leur bureau. À vous de savoir choisir l'endroit de la rencontre, car il est des plus importants.

Dès que j'ai commencé à donner des cours en Europe, et surtout en France, je me suis battu pour essayer de dissuader les vendeurs de tenter de vendre pendant un déjeuner. Je sais que les déjeuners d'affaires sont chose courante dans la vie de beaucoup de gens ; personnellement, je suis contre. J'estime qu'il n'est pas possible de vendre en vrai professionnel au cours d'un déjeuner ; on ne peut pas conclure, avoir le bon de commande devant soi et il est difficile de parler avec enthousiasme, entouré de tant de personnes ; et bien sûr, comment s'exprimer correctement entre deux bouchées ?

Si votre habitude est trop ancrée et que vous ne pouvez donc pas vous passer de ces déjeuners d'affaires, alors ne les utilisez que pour « réchauffer » votre client. Concluez votre vente plus tard, à l'endroit de votre choix : son bureau, le vôtre, ou encore dans votre voiture, loin des oreilles curieuses et du bruit. Utilisez plutôt le déjeuner en tant que remerciement à vos clients, et ils se feront un plaisir de vous recommander à d'autres personnes comme

étant un « monsieur qui sait vivre et se conduire » et non
pas comme « celui qui essaye d'attraper un client comme
un poisson : par la bouche ».

Où vous asseoir ?

Si vous vendez un produit intangible et que vous n'avez
rien de palpable à montrer à votre client, il est souvent
nécessaire d'écrire devant lui, pour lui montrer les chif-
fres dont vous lui parlez ou, simplement, pour retenir son
attention ! Pour cela, je vous conseille vivement de ne pas
vous asseoir en face de lui ; en effet, je n'ai encore jamais
rencontré un vendeur qui sache écrire à l'envers ! Pour
qu'il puisse voir et suivre ce que vous écrivez, vous devez
être assis à ses côtés, et de son côté droit de préférence si
vous êtes droitier ; de cette façon, votre main droite ne lui
cachera pas vos notes.

Bien des débutants hésitent, ou tout simplement ne
savent pas comment faire pour s'asseoir à côté de leur
client dès le début de l'entrevue ; ne lui demandez pas s'il
vous permet de le faire ! Dites simplement, tout en dépla-
çant une chaise qui se trouve normalement devant son
bureau :

> « Monsieur Noir, vous n'avez pas d'objection, je
> pense, à ce que je m'assoie près de vous, car j'ai quel-
> ques notes à vous montrer ! »

Et tout en agissant de la sorte, avec douceur mais sûreté,
vous êtes déjà assis à sa droite. N'ayez aucune crainte, il
ne vous dira jamais de redéplacer la chaise et de retourner
de l'autre côté de son bureau. Par contre, si vous le lui
demandez avant, il peut très bien vous répondre : « Mais
non, nous sommes très bien ainsi, restez de l'autre côté de
mon bureau ». Vous seriez alors obligé de vous exécuter.

Cette expérience s'appelle, dans notre métier : prendre la situation en main. C'est vous le vendeur, vous qui menez l'entrevue, donc ne vous laissez pas influencer, sinon vous avez perdu d'avance.

J'ai eu, un jour, l'honneur d'être reçu au Palais de l'Élysée par l'un des conseillers du président de la République française ; il s'agissait alors d'obtenir l'approbation des autorités pour former les forces de ventes directes d'un nouveau produit financier qu'une banque allait lancer. Le bureau dans lequel nous étions reçus, le directeur général de la banque et moi-même, était grand, et les fauteuils des visiteurs placés à environ trois mètres de distance en face du bureau de l'expert.

Quelle ne fut pas la surprise de mon ami, le banquier, lorsque je m'assis à la droite de ce conseiller à un moment donné de l'entrevue, afin de pouvoir lui expliquer, sur papier, l'un des avantages essentiels du plan que nous étions venus lui soumettre. Il fut tellement surpris de ne pas m'avoir vu me faire remettre à ma place, qu'il m'en parla dès notre sortie.

En fait, notre but avait été atteint : nous avions été compris et notre plan était approuvé.

À votre prochaine entrevue, essayez ! Vous constaterez vite les avantages qu'il y a d'être assis près de votre client au lieu d'être de l'autre côté de son bureau, quelles que soient ses dimensions !

Un dernier conseil : si l'entrevue se passe au domicile du client, en présence de sa femme (ou vice-versa), ne vous asseyez jamais entre les deux, car, vous ne pourriez pas, ainsi, vous adresser à tous les deux en même temps et risqueriez d'établir un courant contradictoire.

Mieux encore, n'essayez pas de vendre dans un salon. Dites immédiatement, dès que vous arrivez chez votre prospect :

> « Madame, pouvons-nous utiliser votre table de salle à manger (ou de votre cuisine), car j'ai quelques papiers importants à vous montrer ».

On ne vous refusera pas de le faire, bien au contraire ; car vous prouverez sur-le-champ que vous êtes un professionnel et vous en serez d'autant plus respecté.

Asseyez-vous au bout de cette table et demandez au couple de s'asseoir côte à côte à votre gauche. De cette façon, lorsque vous leur parlerez, vous les regarderez toujours en face, les deux en même temps. C'est très important ! Pensez-y toujours !

Résumé

1. Sachez attendre et utiliser ingénieusement votre temps dans l'antichambre.

2. Si vous devenez trop nerveux, partez, mais n'oubliez pas de prendre un autre rendez-vous ferme.

3. Choisissez vous-même le meilleur endroit pour faire votre présentation.

4. Essayez d'éviter de vendre pendant un déjeuner. Vendez après ou avant.

5. Ne vous asseyez pas en face de vos clients.

6. Prenez la situation en main, placez-vous à la droite de votre interlocuteur.

7. Vous ne devez jamais vous placer entre un mari et sa femme. Ils doivent être l'un près de l'autre et vous à leur droite.

21

Brisez la glace

À un moment donné, au cours de son entretien avec le client, le vendeur doit briser la glace, c'est-à-dire passer à la présentation de son produit afin d'aboutir à un bon de commande signé.

Bien des débutants commettent souvent l'erreur de ne pas s'assurer, dès le départ, de l'attention complète de leur acheteur éventuel et ils perdent ainsi toute chance de vendre leur produit. Certains, comme je le faisais moi-même au début, ont tendance à entrer trop vite dans le vif du sujet, c'est-à-dire leur présentation. D'autres, au contraire, bavardent trop ; ils ont peur de s'attaquer au sujet, hésitent et parlent à tort, de la pluie et du beau temps.

Il existe plusieurs points de vue à ce sujet. L'objet essentiel est de pouvoir obtenir et retenir toute l'attention du client. Les méthodes varient nécessairement avec le produit vendu, mais en général il n'y en a que quatre qui soient valables pour obtenir des résultats.

La peur

Certains excellents vendeurs utilisent la peur pour attaquer leur sujet :

« Monsieur, si vous laissez passer cette chance, vous pourriez le regretter plus tard... Cet appartement moderne ne manquera pas d'augmenter de valeur dans les années à venir... »

« Monsieur, vous avez dû lire dans le journal d'avant-hier que votre malheureux concurrent, monsieur Brun, a perdu son usine entière à cause d'un incendie. La police que je vous propose... »

« Monsieur, c'est le dernier exemplaire dans le genre qui me reste ; je ne suis pas sûr de pouvoir en obtenir d'autres... »

« Monsieur, il est dangereux d'entreposer de l'essence dans votre propriété... Cette tondeuse électrique vous permettra de mieux couper votre gazon et surtout, de le faire sans bruit, ce qui réjouira vos voisins. »

« Mademoiselle, ce cours par correspondance peut vous éviter la douloureuse surprise de voir vos collègues promus avant vous ! Si vous ne commencez pas dès le mois prochain, vous risquez fort de ne plus progresser dans votre carrière. »

La curiosité

Si je vous dis : « Monsieur, en vous abonnant au service que je représente, vous doublerez votre revenu annuel », vous ne serez sans doute pas intéressé. Vous vous direz sûrement : « Ah ! encore un de ces vendeurs poisons. »

En revanche, si je vous dis : « Monsieur, que croyez-vous que je cache dans ma main droite ? », là, sûrement, votre curiosité prendra le dessus, malgré vous peut-être.

Il faut essayer d'éveiller la curiosité de votre client, afin de capter son attention. Vous devez vous-même trouver le moyen de le faire aisément, suivant le produit que vous vendez. Peut-être le faites-vous déjà !

L'amour-propre

Au début de l'entretien, peu de vendeurs savent utiliser les sentiments de fierté et même d'orgueil qui existent en chacun de nous. C'est assez difficile, mais en voici quelques exemples :

> « Monsieur, vous ne pouvez pas vous permettre de porter des vêtements bon marché ; permettez-moi de vous montrer ce costume... »

> « Monsieur, vous vous préoccupez sûrement de la sécurité de vos enfants sur la route. Les pneus que je vous conseille vous permettront de rouler avec confiance... »

> « Monsieur, le don que vous allez faire est pour une bonne cause. Et quelle satisfaction de voir votre nom, en tête de liste, parmi les plus importants donateurs... »

> « Madame, comme vous serez fière, assise aux côtés de votre mari, dans cette merveilleuse voiture... »

Le profit

Nous aimons tous les soldes. Même les gens riches sont heureux d'obtenir une ristourne. L'idée du profit potentiel est quelquefois une très bonne entrée en matière. Voici quelques exemples :

> « Monsieur, ce terrain risque fort de prendre de la valeur très rapidement car… »

> « Monsieur, ce poêle à mazout sera payé en trois ans par les économies que vous réaliserez sur le charbon… »

> « Madame, en ajoutant notre lingerie à vos autres articles, vous augmenterez les profits de votre magasin… »

> « Monsieur, cette nouvelle police a l'avantage de vous permettre de réaliser une épargne à moyen terme et de vous donner une protection dès aujourd'hui. Ainsi, même si vous décidez d'abandonner en cours de route, vous serez gagnant ! Laissez-moi vous le démontrer… »

> « Monsieur, ce dictaphone vous économise le salaire de deux sténos… »

Une fois captée l'attention de votre interlocuteur, ne commettez pas l'erreur de laisser ses pensées s'évader. Ayant brisé la glace, vous faites votre présentation de vente. Soyez bref, clair et précis.

Résumé

1. Il faut apprendre à « briser la glace » au bon moment au cours de l'entrevue.

2. Pour ce faire, il faut capter l'attention complète du client potentiel.

3. Les méthodes varient suivant le produit vendu.

4. En général, la peur, la curiosité, l'amour-propre et le profit sont de bons moyens pour briser la glace.

Troisième partie

D'AUTRES TUYAUX POUR UNE RÉUSSITE CERTAINE

22

Faites un travail
d'éclaireur

Il y a peu de temps, l'un de mes amis me demanda :
« Comment vendrais-tu un petit chat à quelqu'un qui n'a
jamais eu l'idée d'en prendre un chez lui ? »

Tout en réfléchissant à la question, je lui répondis que je
n'avais jamais encore eu l'occasion de vendre des animaux domestiques, mais que... Là, il me coupa la parole
et me dit : « Je viens de vendre toute la portée de ma
chatte, en demandant à mon fils Pierre d'en porter un
chez chacun de nos voisins, ceci afin qu'ils les gardent
toute la nuit en attendant de prendre leur décision
d'acheter ou non ces gentils petits chats pour seulement
10 dollars. Pierre les informa qu'il repasserait le lendemain pour les reprendre s'ils n'en voulaient pas. Mon fils
est revenu avec 60 dollars, car personne n'a voulu se
séparer du petit chat après l'avoir gardé toute une nuit. Il
faisait déjà partie de la maison. »

Sans le savoir, mon ami avocat venait de découvrir l'un
des meilleurs arguments de vente : aiguiser l'appétit du
client.

La plupart des ventes se perdent dans les 30 premières secondes de l'entrevue. Pensez au dernier vendeur qui n'a pas réussi à vous vendre son produit. Je suppose qu'il n'a jamais su commencer à vous vendre, à vous intéresser. Il a été prouvé que pour une vente perdue à cause du manque de savoir, il y en a 10 qui se perdaient parce que le vendeur n'avait pas su éveiller l'intérêt de son acheteur éventuel.

Tous les bons vendeurs de machines de bureau savent qu'ils ont intérêt à laisser leur machine en démonstration, afin que le client éventuel en découvre l'utilité et ne puisse plus s'en passer.

Il y a peu de temps, un vendeur est passé chez moi pour essayer de me vendre une loge privée au nouveau stade de football qui se construisait en ville. Nul ne peut nier que le football est un sport passionnant pour ceux qui l'aiment, mais ce n'est pas mon cas. Ce vendeur a donc perdu son temps faute d'étudier les goûts de son client. Il est relativement facile de connaître les goûts sportifs des gens, car c'est quelque chose qui ne se cache pas, bien au contraire.

La capacité de découvrir ce qu'un acheteur éventuel aime fait la différence entre un vendeur ordinaire et un professionnel. Nous sommes tous intéressés par quelque chose ; en tant que vendeurs, nous devons découvrir ce qui intéresse nos interlocuteurs. Si nous n'y arrivons pas dès le début de l'entretien, nous avons peu de chances de retenir son attention et de pouvoir le convaincre. C'est pour cette raison qu'un bon vendeur fait toujours parler son client ; en parlant, celui-ci peut dévoiler peu ou beaucoup de ses goûts et besoins. En même temps, il éprouve du plaisir à voir qu'on l'écoute avec une grande attention. Cela permet également de connaître ses objections en ce qui concerne votre produit.

Combien de fois ai-je vu quelqu'un que je laissais parler librement se vendre à lui-même. Il faut savoir éveiller l'intérêt du client. À mes débuts, je me suis posé la question : « Suis-je fair-play en essayant de découvrir le point faible de mon vis-à-vis ? » En réfléchissant, je me suis vite rendu compte que :

◆ si je ne lui vendais pas mon produit ou service, mon concurrent le ferait à ma place ;

◆ si ce que je vends le satisfait dans ses besoins, désirs ou plaisirs, je lui rends service.

En général, il est bon d'essayer de stimuler l'action d'achat du client en découvrant :

◆ à quoi il occupe ses heures de loisir ;

◆ pourquoi votre produit peut lui plaire ;

◆ comment votre produit peut lui rendre service ;

◆ comment il peut améliorer sa situation, ou rendre sa tâche plus facile grâce à votre produit ou service ;

◆ ce qui le passionne ou ce qui le fait vibrer (sa famille, ses enfants, sa maison, sa voiture, son yacht, son chien, son tennis, ses affaires, son bridge, que sais-je encore…).

Prenez note de vos progrès à éveiller l'intérêt de vos clients.

Je dis toujours aux jeunes vendeurs que s'ils avaient des citrons à vendre, ils partiraient et crieraient éventuellement : « Achetez mes citrons », ou « Citrons à vendre ». Après avoir fait quelques progrès, ils diraient déjà : « Achetez mes beaux citrons », « Ils sont beaux et jaunes à point ». Finalement, ayant accédé au rang des vendeurs professionnels, ils diraient : « Prenez ce merveilleux citron dans la main, madame, voyez comme il est à point ; en le coupant tout à l'heure, vous allez voir gicler ce jus merveilleux plein de soleil et de vitamines ! » En lisant cette dernière phrase, vous avez presque le goût du citron dans la bouche, n'est-ce pas ?

C'est de cette manière que vous pouvez éveiller l'intérêt de vos clients pour votre produit. **Trouvez des phrases clés qui vendent !**

Résumé

1. **Laissez votre produit chez le client pour qu'il l'essaie. Il aura du mal à vous le rendre.**

2. **Il faut capter l'intérêt de l'acheteur éventuel dans les premières secondes d'entretien.**

3. **Essayez de connaître les goûts et habitudes de votre client avant même de lui rendre visite.**

4. **Laissez parler votre interlocuteur. Il vous dira bien des choses qui peuvent vous aider dans votre vente.**

5. **Découvrez ce qu'il aime, ce qui peut l'avantager ou encore ce qui le fait vibrer.**

23

Voir et croire

Les ventes les plus simples (si elles existent !) sont définitivement celles où le vendeur peut présenter physiquement le produit qu'il vend. Les yeux ouvrent la
route du cerveau, et pourtant beaucoup de vendeurs
n'utilisent pas encore cette merveilleuse avenue, parti-
culièrement ceux qui offrent un service difficile à
démontrer visuellement.

Il est connu que nous ne pouvons nous rappeler que d'un
cinquième de ce que nous entendons, alors que nous
nous rappelons les trois cinquièmes de ce que nous
voyons, à condition d'avoir des explications en même
temps.

Malheureusement, nous avons tendance à oublier que ce
que nous connaissons de notre produit, nous avons mis
des semaines, voire des mois, à l'apprendre. Il est donc
presque impossible d'enseigner quoi que ce soit à un
acheteur éventuel pendant les quelques quarts d'heure
que nous passons avec lui. C'est pour cela qu'il faut
apprendre à démontrer les avantages de notre produit,
mais il faut le faire visuellement, si possible.

Si l'on me parle d'une belle maison de campagne, le message me parvient par les oreilles seulement ; en revanche,
si l'on me montre cette même belle maison, l'impression

est précise et concrète, et restera gravée dans mon esprit. Les médecins vous diront que 87 % de ce que nous connaissons nous est parvenu visuellement, et seulement 8 % par l'ouïe, le reste nous parvenant par les autres sens.

Pour vendre des idées et des services, apprenez à utiliser un stylo. Le message que vous écrirez ou que vous dessinerez avec une belle plume restera gravé dans l'esprit de votre client.

L'un des meilleurs vendeurs que j'ai le plaisir de connaître est Libanais. Il part souvent vendre dans les Émirats. Il écrit toujours avec un merveilleux stylo en or qui vient de Paris ou de Londres, où il se rend deux fois par an pour en acheter une cinquantaine. Au moment de conclure sa vente, il tend son stylo au prince auquel il vient de faire une présentation, en lui disant : « Désirez-vous signer le formulaire avec votre plume, ou avec la mienne ? » Invariablement, me dit-il, ses clients prennent sa plume, car ils l'ont admirée pendant la présentation. Lorsqu'ils ont signé, notre ami leur offre généreusement le stylo et ils sont heureux de son geste. Chaque vente lui coûte, bien sûr, un stylo en or, mais cela fait partie de son budget et, étant donné les commissions qu'il gagne, il peut très bien se le permettre.

Le stylo a un certain effet hypnotique ; je connais un autre vendeur qui l'utilise souvent pour ramener les yeux de son client vers la feuille de papier sur laquelle il fait sa démonstration. Essayez ! La prochaine fois que votre acheteur lève les yeux et commence à être distrait, prenez votre stylo, levez-le à la hauteur de ses yeux en l'agitant d'une manière naturelle et rabaissez votre main doucement vers la table ; ça marche ! Les yeux de votre client,

© Éditions d'Organisation

malgré lui, suivront la marche de votre stylo et reviendront en même temps que son attention, à vos notes et explications. C'est un petit truc simple et utile.

Vous connaissez l'impact des annonces à la télévision ; cela prouve que lorsque le client éventuel voit un produit, il a tendance à l'acheter. Pourquoi existe-t-il tant de foires et d'expositions à travers le monde ? C'est justement pour que les acheteurs puissent voir, et même essayer, ce qu'ils s'achèteront. L'art de vendre « visuellement » doit s'apprendre comme le reste. Celui qui sait **montrer** et **expliquer** possède une arme à deux coups.

Même si vous vendez un service qui ne peut pas se « montrer », vous pouvez en démontrer les bénéfices et avantages par écrit, et donc « montrer » quelque chose à votre client.

Lorsque j'étais ingénieur dans le Grand Nord canadien, au Labrador et au Yukon, en charge de l'installation de radars, je me souviens d'un vendeur de camions qui avait pris la peine de faire réaliser un film en couleurs de ses différents modèles de camions et voitures et était venu nous le montrer. Il est évident qu'il aurait eu du mal à faire venir les camions eux-mêmes, le prix d'une telle expédition étant énorme. Il avait considérablement augmenté ses chances d'obtenir des commandes en utilisant un film plutôt que les dépliants du fabricant.

Quel que soit le produit ou service que vous vendez, faites un effort pour utiliser des photos, graphiques, plans, etc. Vous augmenterez vos ventes. J'ai vu bien des vendeurs paresseux à la longue, oubliant d'emmener les aides visuelles mises à leur disposition à grands frais par leurs compagnies. Ne faites pas comme eux ! Rappelez-vous : voir, c'est commencer à croire.

Résumé

1. La démonstration concrète ouvre la voie à la vente. Servez-vous en souvent.

2. Écrivez toujours en donnant vos explications. Le stylo aide à retenir l'attention du client.

3. Même si vos services ne peuvent se « montrer », ils peuvent se « démontrer » visuellement, par écrit. Faites-le !

4. L'impact visuel des annonces à la télévision, des foires, des expositions, vous prouve que voir, c'est croire.

5. Ne vous fiez jamais à la mémoire d'un client. S'il n'a pas encore acheté, laissez-lui vos notes.

© Éditions d'Organisation

24

Écoutez

Je me suis souvent posé la question : **pourquoi tant de vendeurs oublient-ils d'écouter ?** Je pose cette même question pendant les cours et séminaires que je dirige. En réponse, on me dit : « J'ai tellement hâte de clore ma vente », « Je crains de perdre l'attention du client en m'arrêtant de parler », ou encore : « Nous sommes trop occupés à penser à nous-mêmes pour penser à l'acheteur », et même : « Personne ne m'a jamais dit qu'écouter était important. »

Effectivement, on a toujours tendance à enseigner aux jeunes vendeurs ce qu'il faut dire et ce qu'il ne faut pas dire, mais on oublie de leur apprendre à écouter. Nous savons tous par expérience que celui qui débute dans la vente a peur ; je pense que c'est cette peur qui nous force à trop parler à nos débuts. Le jeune vendeur a peur de ne pas en savoir assez, il a peur d'en oublier, il a peur de ne pas connaître la réponse à une question, et il a surtout peur d'être remercié et éconduit s'il s'arrête. Alors il parle, parle et parle…

Avec de l'expérience, on apprend à écouter. Je me souviens avoir réussi la plus belle vente de ma carrière, le 3 juillet 1959, ce qui m'a d'ailleurs valu à l'époque un télégramme de félicitations du président de ma société.

Je venais de vendre onze plans d'assurance épargne, en une seule journée, à une seule dame que j'avais convaincue d'en prendre un au nom de chacun de ses dix enfants, ainsi qu'un autre au nom de son père. La somme totale de mes commissions gagnées ce jour-là était supérieure à mes revenus d'ingénieur d'un trimestre.

Mais ce que je n'avais pas réalisé sur le moment, c'est que j'avais réussi cette belle vente parce que j'avais écouté avec une grande attention l'histoire personnelle de cette dame.

Elle venait de perdre son mari dans des circonstances tragiques. Ayant écouté son récit avec compassion, je lui suggérai un moyen de mettre ses enfants à l'abri de problèmes financiers pendant leurs années d'études futures, tout en les protégeant des accidents de parcours.

À la réunion des vendeurs hebdomadaire suivante, on me demanda de raconter ma vente en détail à mes collègues. Mon directeur des ventes me fit observer alors qu'en écoutant avec patience et compréhension la longue histoire de ma cliente, j'avais pu découvrir son souci principal et ainsi lui suggérer la meilleure méthode pour organiser l'avenir de sa grande famille.

Personne, auparavant, ne m'avait expliqué combien il est important de **savoir écouter**. Aujourd'hui, je sais que même le grand savant Albert Einstein connaissait l'importance de savoir écouter. Il donna un jour à un journaliste sa formule pour la réussite. C'était : réussite = X + Y + Z, X étant le travail, Y les loisirs et Z savoir se taire. Il est intéressant de noter qu'un des plus illustres savants de notre temps estimait qu'un tiers du succès provenait de la faculté de savoir se taire.

Apprenez donc à écouter. Sachez tout d'abord :

1. **Écoutez avec intérêt**. Ne faites pas semblant de le faire. Combien ai-je vu de vendeurs sourire en écoutant leur interlocuteur, hocher la tête, et même le regarder dans les yeux ; ils étaient cependant loin, en train de penser à autre chose ; peut-être à leur prochain client, peut-être au moyen de conclure leur vente. Perdez cette mauvaise habitude. Écoutez religieusement ce que votre interlocuteur vous dit.

2. **Ne prenez pas de notes de ce que votre client vous dit**. Écoutez-le, mais ne notez rien. Le fait d'écrire pendant qu'il parle peut lui faire croire que vous êtes ailleurs, que vous ne l'écoutez plus.

3. **N'ayez pas de pensées critiques pendant qu'il vous parle**. Contrairement à ce que vous pouvez croire, les pensées négatives se dégagent de vous et votre client risque de s'en apercevoir. Ne vous dites pas : « Ah, ce qu'il me barbe, celui-là ! » ou « Ce qu'il est en désordre, son bureau ! » ou encore « Ce qu'il est mal habillé ». Même si vous souriez tout en faisant semblant d'écouter, vos mauvaises pensées peuvent atteindre l'esprit de votre interlocuteur.

4. **Essayez d'écouter mieux, en anticipant ce qu'il va dire**. C'est un bon moyen de « garder l'écoute ».

5. **Ne lui coupez pas la parole**. Restez attentif, n'essayez pas de placer votre mot. Écoutez. C'est difficile, surtout pour les Latins, qui aiment la discussion, qui en raffolent même. Dans la vente, vous ne pouvez pas vous permettre de « discuter ».

6. **Rappelez-vous que le silence est d'or.** Si j'ai
    décidé d'inclure dans ce livre un chapitre sur le
    « savoir écouter », c'est que j'estime qu'écouter ou
    savoir se taire est l'élément essentiel qui fait de vous
    le vendeur hors pair, le professionnel.

Résumé

1. Les meilleurs vendeurs connaissent l'avantage
    de savoir écouter.

2. Ne parlez pas constamment ; vous vendrez
    plus et mieux en apprenant à vous taire.

3. Ne faites pas semblant d'écouter, faites-le
    réellement.

4. Ne coupez pas la parole à votre interlocuteur,
    sachez que si la parole est d'argent, le silence
    est d'or.

© Éditions d'Organisation

25

L'enthousiasme est vital

Il y a quelque temps, un vendeur prit rendez-vous pour me vendre des cadeaux d'entreprise pour la fin de l'année. Étant toujours intéressé d'écouter un collègue, je lui accordai une heure. Mais, dès qu'il commença sa présentation, je sus que je n'allais rien lui acheter. Sa présentation lui ressemblait étrangement ; elle était lourde et peu intéressante. Il n'a jamais su trouver ma « longueur d'ondes ».

Une vente doit être comme une bonne émission de télévision : l'image doit être claire, le son doit être agréable. Si votre téléviseur n'est pas ajusté à la bonne longueur d'ondes, vous ne capterez ni une bonne image, ni un bon son. Lorsque vous sélectionnez un canal, si le potentiomètre est mal ajusté, le volume sera trop fort et le son désagréable.

Dans la vente, si le vendeur est agressif, s'il parle trop vite et trop haut, il fait fuir son client éventuel.

Le vendeur professionnel sait s'ajuster à la longueur d'ondes de son client. Il lui parle soit de famille, soit d'amis, soit d'affaires, soit de son violon d'Ingres.

Famille

Tous les animaux protègent leurs petits. L'homme aime ses enfants. Si vous vendez un produit ou un service pour le bien-être ou le plaisir des enfants, vous aurez beaucoup de succès.

Beaucoup d'hommes aiment tout autant leur épouse, mais pas toujours.

Un jour, il y a bien des années, mon frère, qui débutait dans le métier à mes côtés, me demanda de l'aider à proposer un plan d'épargne assurance à son voisin de palier. Une fois la vente terminée, la maîtresse de maison nous demanda si nous aimerions prendre un café. Elle sortit donc de la salle à manger pour aller dans sa cuisine. Mon frère, qui remplissait le formulaire, en vint au bénéficiaire de la police et il supposa que, comme tout bon jeune mari l'aurait fait, l'épouse de son client allait être nommée bénéficiaire de la police.

Il posa donc la question habituelle : « Je suppose que madame sera votre bénéficiaire ; quels sont ses prénoms, s'il vous plaît ? » Quelle ne fut sa surprise, et la mienne d'ailleurs, lorsque son voisin répondit simplement : « Non. » Et il continua en lui donnant le nom d'une tierce personne que mon frère, très rapidement, enregistra, avant que l'épouse ne revienne avec le café.

Ainsi, méfiez-vous. Ne présumez pas toujours qu'un homme va vouloir à coup sûr protéger sa femme. Vous pouvez toujours « proposer » les enfants ; en ce qui concerne madame, ne soyez pas toujours « certain ». Évitez de faire des gaffes.

En général, tout ce qui peut bénéficier à la famille (autos, téléviseurs, encyclopédies, maisons de campagne, vacances, etc.) peut être vendu aisément lorsqu'on démontre, sur la bonne longueur d'ondes, que les enfants vont en profiter.

Amis

Chacun d'entre nous a quelques bons amis, beaucoup de relations et connaissances. Sans eux la vie serait monotone. Ce cercle, plus ou moins important selon la personnalité de chacun, doit servir au vendeur qui sait trouver la bonne longueur d'ondes et qui apprend à demander des références à ses clients.

Certains vendeurs n'hésitent pas à dire au client désigné par autrui : « Votre ami, monsieur Untel, m'a demandé de passer vous voir. » Personnellement, je n'aime pas cette formule, car l'acheteur éventuel peut se rebiffer en pensant qu'une de ses connaissances a voulu se débarrasser de moi, en m'envoyant le voir. Je préfère prendre rendez-vous avec le client indiqué, sans lui mentionner son ami au départ. Au cours de la conversation, après avoir brisé la glace, je dis alors :

> « À propos, je suis certain que vous connaissez monsieur Blanc, qui m'a parlé de vous en termes très amicaux ; c'est un de mes bons clients... »

Cette petite phrase, bien placée, m'a toujours été d'un grand secours.

Affaires

Le vendeur qui sait, professionnellement, trouver la longueur d'ondes de son client en lui parlant de ses affaires, a beaucoup de chances de réussir. N'oubliez jamais que tout homme d'affaires consacre à ces dernières 40 à 60 heures par semaine. En ce qui concerne les grandes firmes, elles achètent en général tout ce dont elles ont besoin à des vendeurs restant en contact presque constant avec les acheteurs de ces sociétés.

Mais le vendeur qui offre ses services à des individus oublie, bien souvent, l'avantage qu'il peut tirer en parlant à son client de ses affaires et en trouvant ainsi sa longueur d'ondes.

Je me souviens d'avoir accompagné un de mes vendeurs débutants chez le directeur d'une fabrique de tentes. Mon jeune ami ne sut pas conclure sa vente et, au moment du départ, je repris la balle, étant donné que la vente paraissait perdue. (La règle générale veut que, lorsqu'un vendeur fait une visite avec son superviseur, il n'y en a qu'un des deux qui parle pour essayer de vendre.) Je dis simplement : « J'ai lu, il n'y a pas longtemps, que des milliers de personnes sont en train de découvrir les joies du camping ! Est-ce vrai, monsieur le directeur ? » Celui-ci se tourna vers moi et, ravi, nous expliqua pendant une vingtaine de minutes combien il était heureux que son affaire ait pris une telle expansion. Nous l'écoutâmes avec intérêt. Ce ne fut guère difficile de reprendre la présentation après son long monologue, et il finit par nous trouver assez sympathiques pour signer le bon de commande.

© Éditions d'Organisation

Violon d'Ingres

Les passe-temps sont en grande vogue. Les loisirs aussi. Il faut savoir en profiter. Les collections de timbres, les antiquités, la numismatique, le ski, la pêche sous-marine, la chasse, le golf, et beaucoup d'autres occupations occasionnelles font tache d'huile à travers le monde. La musique, les arts, le théâtre font la joie de millions d'individus.

Il est bon de savoir questionner un client potentiel avec tact. Il vaut mieux, en général, qu'il parle lui-même de son occupation favorite. Vous remarquerez que lorsqu'il vous parle de son violon d'Ingres, il devient plus réceptif, il tend à oublier ses soucis, ses problèmes. Sachez en profiter.

Résumé

1. **La vente est comme une bonne émission de télévision, il faut savoir « capter » la bonne longueur d'ondes du client.**

2. **On peut utiliser les quatre « chaînes » qui sont : la famille, les amis, les affaires, le violon d'Ingres.**

26

La vente progressive

Chacun d'entre nous adopte des mots ou des phrases qu'il aime employer, parce que ces mots l'aident dans la vente de son produit. Personnellement, j'ai deux petites phrases favorites : « Vous ne pensez pas ? » et « N'est-ce pas ? »

Au cours de toutes mes présentations, je les emploie régulièrement, car elles m'aident à obtenir soit un accord sur un point mineur, soit encore une observation de mon client qui peut m'indiquer son état d'esprit du moment.

La vente graduelle

J'ai eu l'occasion, un jour, de voir à la télévision canadienne un célèbre prédicateur de l'époque. J'ai pu admirer ainsi l'une des plus belles ventes : celle réalisée par cet homme assez exceptionnel au cours de son sermon.

Cela se passait dans une très grande salle où étaient réunies plusieurs milliers de personnes. Ce prédicateur, dont je ne me rappelle plus le nom, demanda à un moment donné que ceux qui voulaient qu'il prie pour eux veuillent bien lever la main droite. Des centaines de mains se levèrent ; « plus haut », leur demanda-t-il et ils obéirent. Il les pria ensuite de se mettre debout tout en tenant leur main bien haute. À ce moment-là, tous les aides du prédicateur vinrent se placer au bout de chaque rangée, près des fidèles toujours debout. Le prédicateur demanda alors à ces derniers de suivre ses aides jusque vers lui. Ils le firent presque tous.

Les scènes de ce genre sont fréquentes en Amérique du Nord, car il existe de plus en plus de nouvelles sectes ou religions. Elles sont plus rares en Europe.

Ce qui venait de se passer devant mes yeux, est ce que j'appelle la **vente graduelle**. En effet, si le prédicateur avait tout simplement demandé à l'assistance de venir vers son podium, peu de gens, sinon personne ne serait venu. Il a donc fait une vente graduelle en demandant à ses fidèles de lever la main d'abord, puis le bras, pour finalement se lever. Il lui était ensuite facile de leur demander d'accompagner quelqu'un d'autre pour s'avancer vers lui.

Dans votre vente, il peut également être utile d'employer cette méthode graduelle. Vous pouvez y arriver en employant des questions similaires aux miennes. Elles m'ont toujours aidé.

Si votre acheteur éventuel est d'accord avec vous tout au long de votre présentation, il lui sera d'autant plus facile, plus tard, d'acheter votre produit. Voyons quelques exemples :

« Vous êtes d'accord sur ce point, n'est-ce pas ? »

« Vous aimeriez sûrement donner à vos enfants les mêmes possibilités que celles que vous avez eues, n'est-ce pas ? »

« Si vous décidiez d'acheter cette maison-là, madame, vous aimeriez sûrement en repeindre l'extérieur, n'est-ce pas ? »

« Dans l'achat d'une nouvelle voiture, vous voudriez certainement combiner l'économie et le confort, n'est-ce pas ? »

« Si votre nouvel aspirateur, madame, pouvait également servir à monsieur comme pistolet à peinture, il serait encore plus utile, n'est-ce pas ? »

Soyez d'accord, vous aussi !

Certains bons vendeurs se plaisent à citer les mots de leur client tout en lui demandant son accord au cours de la présentation. C'est une méthode qui réussit à beaucoup.

« Je suis parfaitement d'accord avec vous, quand vous dites que... »

« En effet, monsieur, je comprends fort bien que vous préfériez traiter avec un ami, lorsqu'il s'agit de vos assurances. C'est l'avantage de notre société : elle considère ses clients comme des amis. C'est ce que je fais moi-même d'ailleurs... »

« Vous avez dit tout à l'heure que vous préfériez un modèle à quatre portières... »

Soyez moins gourmand et vous vendrez plus

Si vous ne pouvez pas faire une vente importante, contentez-vous d'une commande plus restreinte. Certains ont le tort, à mon avis, de vouloir à tout prix vendre le maximum. Ils pensent souvent perdre leur temps s'ils vendent peu.

J'ai souvent fait l'expérience contraire. En effet, un client potentiel à qui j'arrivais à vendre un minimum devenait mon client, c'est-à-dire presque un ami. Lorsque je retournais le voir, j'étais reçu plus facilement, car la

relation **client-vendeur** était créée. Je n'allais plus prospecter. Je n'avais plus de mal à obtenir un rendez-vous.
La méfiance était éliminée et la confiance établie.

Un jeune vendeur me demanda un jour de l'accompagner
chez un client auquel il n'avait pas su vendre ses services.
La personne avait fait un placement important ailleurs.
Trois visites de mon jeune ami ne l'avaient pas convaincu
de notre utilité. Voici, en bref, notre conversation :

> « Je suis certain, monsieur Blanc, que je ne pourrai
> jamais vous convaincre de déplacer tous vos investis-
> sements. Par contre, connaissant un peu votre violon
> d'Ingres, si je vous proposais un jeu très intéressant
> n'affectant pas votre patrimoine, je suis certain que
> vous seriez intéressé, **n'est-ce pas** ?
>
> — Peut-être, me répondit-il.
>
> — Alors voici ce que je vous propose : je vais établir
> un compte minimum à votre nom, à notre banque.
> Vous serez ainsi client de notre établissement. Pour
> ouvrir ce compte, vous ne devrez placer qu'un cen-
> tième de ce que vous avez investi actuellement chez
> votre agent de change. Ce n'est pas grand-chose,
> **n'est-ce pas** ?
>
> — Non, bien sûr, dit-il.
>
> — Vous essayerez alors de faire mieux que nos
> experts d'investissement bancaire, avec votre porte-
> feuille présent. En tant que client, vous recevrez tous
> les trimestres un relevé de vos placements à la ban-
> que. Si, au bout de quelque temps, vous réalisez que
> nos experts ont su vous donner des plus-values
> meilleures, vous voudrez peut-être augmenter votre
> compte chez nous et, ceci, sans que je sois présent
> pour influencer votre décision d'une façon quelcon-
> que. Si, par contre, vous faites mieux par vous-
> même, il vous sera très facile de fermer le compte que

3332 Annalen der Physik Annalen der Physik Annalen der Physik Annalen der Physik

je vais maintenant ouvrir pour vous. Je suppose que vous préférez recevoir les détails de votre compte à domicile, n'est-ce pas ? Quelle est votre adresse, s'il vous plaît ? »

Il me la donna sans problème et notre jeune vendeur se fit ainsi un client qui devint, je l'ai su plus tard, le plus important de la banque. Sa commission sur cette vente-là fut minime, mais quelle manne quelques mois plus tard !

Je vous conseille fortement cette méthode. Essayez toujours de vous faire le plus grand nombre possible de clients, même si ce sont de petits clients. Vous en sortirez gagnant.

Résumé

1. **Essayez d'obtenir l'accord de votre client sur des points mineurs tout au long de votre présentation.**

2. **Insérez des questions clés telles que : « N'est-ce pas ? » « Ne pensez-vous pas ? » « Ne croyez-vous pas ? »**

3. **Avec la méthode de vente graduelle, il est facile au client de dire « oui » au moment de signer la commande, après avoir dit « oui » tout au long de la présentation.**

4. **Citez votre client, cela vous aidera également.**

5. **N'essayez pas de vendre toujours le maximum. En gagnant un petit client aujourd'hui, vous vous ouvrez des portes pour plus tard.**

27

Offrir ou vendre ?

Il y a quelques années, j'étais assis dans le hall de l'hôtel Mayfair à Londres. J'attendais l'heure d'ouverture du séminaire que j'avais à diriger. Non loin de moi, un jeune homme, parlant anglais avec un fort accent français, présentait des vins à quelqu'un qui devait être un restaurateur anglais. Malgré moi, je tendis l'oreille et je pus ainsi voir agir, pour la première fois, un représentant en vins.

Le jeune homme se borna à offrir la gamme de ses bouteilles, en feuilletant les pages d'un classeur dans lequel il me sembla reconnaître des étiquettes de bouteilles. Le restaurateur, qui avait certainement besoin de remplir sa cave, lui disait de temps en temps : « Envoyez-moi deux caisses de celui-ci » ou encore « Une caisse de celui-là », etc.

Ce jeune homme vendait un produit dont l'Anglais avait besoin. À mon avis, il ne faisait que « prendre une commande ». Il ne cherchait pas à vendre. Il se contentait d'offrir ses vins en montrant de belles étiquettes en couleur. Je suis certain que s'il avait réellement essayé de vendre, il aurait considérablement augmenté la commande. Ses patrons auraient été plus heureux, tout comme sa femme, car sa commission aurait été plus élevée.

Dans les quelques exemples qui suivent, vous allez aisément reconnaître celui qui offre son produit et celui qui le vend :

Nous vendons cette machine avec une garantie de 5 ans.	Vous économiserez beaucoup ; certains de vos concurrents le font déjà ; votre nouvelle machine est non seulement garantie par l'usine pendant 5 ans, mais...
Nos camions sont tous équipés d'émetteurs-récepteurs...	Nous sommes à votre service 24 heures sur 24. En effet, nous ne sommes jamais plus loin que votre téléphone...
Notre agence s'est assuré les services des meilleurs guides de chaque pays que nous visitons...	En voyageant avec nous, vous profitez de l'expérience de notre guide. Il vous conduira par les chemins les plus intéressants et les plus sûrs. Vous n'aurez pas de délais inopportuns. Vous économiserez sur vos repas, car il connaît d'excellents petits restaurants...
Notre société a été fondée en 1890.	En achetant nos produits, vous bénéficiez de notre grande expérience, sans coût additionnel. Vous savez certainement que notre maison fête son 106e anniversaire cette année.

© Éditions d'Organisation

Notre offre spéciale, cette année, concerne les vins de 1985. Nous avons fait un réel effort sur le prix du blanc...	Vos habitués seront enchantés de constater que votre carte des vins, déjà réputée, s'étoffe encore. Une sélection de nos vins de 1985, mis en bouteilles au château, rehaussera encore le blason de votre établissement. De plus, vous profiterez de nos prix spéciaux...
Les tests de laboratoire ont prouvé que notre nouveau produit...	Pensez au nombre de patients qui vous seront reconnaissants...
Nos délais de livraison sont très courts...	Votre direction vous sera reconnaissante, car nous livrerons immédiatement...
Nos prix sont sans concurrence sur ces pneus...	Même par une forte pluie, votre famille sera bien protégée avec les pneus que vous avez choisis...
Notre service permettra à votre société...	Dès maintenant vos employés se sentiront plus heureux et votre production réagira favorablement...

En essayant de **vendre** votre produit, vous déclenchez une action positive chez votre client. Bien des experts recommandent des techniques éprouvées. J'en ai étudié des douzaines et mes conclusions se résument en **quatre points essentiels** :

1. Trouvez des mots simples qui marquent, qui frappent et qui vendent.

2. Présumez toujours qu'une décision favorable a été prise ou va se prendre à la fin de votre présentation. Agissez donc toujours avec entière confiance et assurance.

3. Posez des questions simples tout au long de votre présentation, des questions qui favorisent la vente.

4. Entraînez ou provoquez vous-même une décision positive, aujourd'hui !

Trouvez des mots simples qui vendent

La langue française est l'une des plus belles au monde. Elle est riche en synonymes, de sorte qu'il est possible d'exprimer une même idée de différentes manières.

Certains mots sont sans vie, mornes, froids et laissent le client indifférent. D'autres de même signification sont vifs, alertes, d'une puissance évocatrice frappante ; ils tiennent l'acheteur éventuel en haleine et lâchent la bride à son imagination.

Dans la vente, ce sont donc les mots très simples qui vendent et non pas les belles phrases. J'ai connu un grand nombre de vendeurs qui parlaient beaucoup et bien, mais qui vendaient très peu. La raison majeure en est que les mots simples et directs agissent mieux et plus vite sur le cerveau de l'acheteur. Les entourer de belles phrases ne sert à rien dans notre profession.

Je vais vous donner un seul exemple que vous trouverez peut-être enfantin d'ailleurs. Et pourtant ces phrases simples, elles vendent !

© Éditions d'Organisation

Celui qui parle bien, mais vend peu, dit :

« Monsieur, la gestion professionnelle de notre banque investit votre patrimoine dans les entreprises les plus en vue du moment, telles que : Carrefour, Gillette, etc. »

Celui qui vend dit :

« Aujourd'hui, en confiant une partie de votre capital à notre banque, vous devenez immédiatement copropriétaire d'entreprises de grande utilité. Ce qui veut dire que chaque fois que vous vous rasez le matin, chaque fois que vous allez au supermarché, chaque fois que vous roulez en voiture, etc., votre argent travaille pour vous, car vous achetez et utilisez les produits des sociétés qui vous appartiennent en partie, puisque vous en êtes l'un des actionnaires… »

Présumez qu'une décision a été prise ou va incessamment se prendre

En agissant ainsi dès le départ, vous démontrez que vous avez confiance. Un vendeur confiant va conclure de nombreuses ventes, alors qu'un autre, incertain, va les perdre à coup sûr. Lorsque vous savez d'avance que votre proposition ou votre produit va profiter à votre client qui devrait donc l'acheter, vous augmentez vos chances de vendre.

Il ne faut toutefois pas confondre « avoir confiance » avec « être trop sûr de soi ». Cela ne vous servirait à rien, car vous risquez de retomber dans la vente par pression.

Évitez surtout des phrases telles que : « Si vous ache-tez... », « Si vous devenez notre client... », etc. Présumez toujours qu'il va devenir votre client. Dites : « En me pas-sant votre commande tout à l'heure... », « En tant que client... ».

Lorsque vous présumez tout naturellement que la vente est faite, ou va se faire, vous facilitez la tâche de votre client. Rappelez-vous que peu de personnes aiment à « se faire vendre » ! Il est évident que vous n'allez jamais lui dire : « Je suppose que vous êtes prêt à m'acheter ce produit », cependant cette pensée doit rester constamment dans votre esprit.

Essayez, si vous ne le faites déjà, de faire le point assez rapidement sur la réceptivité de votre client par une question clé dont la réponse vous indiquera si tout va bien.

Vous pouvez également conclure la vente en remplissant le bon de commande qui est posé devant vous.

Posez des questions simples qui « vendent »

En présumant que vous avez votre commande, vous pouvez poser de simples questions qui ont trait à certains détails dont vous avez besoin : mode de livraison, mode de paiement, adresse, etc.

En répondant à celles-ci, en fait, votre acheteur vous aura laissé entendre, sans même le dire, « d'accord, j'achète ». Voici quelques exemples :

> « Passez-vous cette commande à titre personnel ou au nom de votre entreprise ? »

> « Aurez-vous besoin de ce matériel le mois prochain seulement ou voulez-vous l'avoir dans les 15 jours ? »

« Voulez-vous que l'expédition se fasse par avion ou par bateau ? »

« Est-ce que 10 douzaines vous suffiront pour une première commande ou en préférez-vous vingt ? »

« Désirez-vous payer à la livraison ou maintenant ? »

Vous remarquerez que le client vous donne automatiquement son accord en répondant à l'une de ses questions. Elles auront simplifié votre vente. Trouvez-en quelques-unes adaptées à votre produit et n'oubliez pas de les inclure, dès demain, dans votre présentation.

Déclenchez vous-même une action positive chez votre client

Vous vous souvenez des stylos en or de mon collègue libanais ? Lorsque celui-ci tend son stylo à son interlocuteur en lui demandant le plus naturellement du monde : « Voulez-vous signer avec ma plume ou la vôtre ? » En fait, il provoque une action positive de la part de son acheteur. Si celui-ci répond : « La vôtre », il dit en fait : « J'achète. » S'il répond : « La mienne », il a également répondu : « J'achète. »

Personnellement, je n'ai jamais utilisé ce moyen-là pour clore mes ventes. J'ai toujours préféré l'une ou l'autre des questions suivantes :

« Vous avez un second prénom, monsieur Blanc ? »

« Votre nom s'écrit bien avec deux *n*, n'est-ce pas ? »

« Préférez-vous recevoir la police à votre domicile ou à l'adresse de votre bureau ? »

« Nous sommes bien au numéro 221 de la rue du Centre, ici, monsieur Brun ? »

Lorsqu'il me donne sa réponse, je l'inscris le plus posément possible sur mon bon de commande et je continue à remplir celui-ci, étant donné que je présume fermement que ma vente est faite. Si le bon nécessite la signature de mon client, je le lui tends après l'avoir rempli en lui disant :

> « Avant d'indiquer votre accord sur cette ligne, monsieur Noir, voulez-vous simplement vérifier s'il n'y a pas d'erreur dans l'adresse ? »

Étant donné qu'il est tout à fait naturel de signer pour l'accord, il y a peu de chances que mon client dise : « Halte-là, un moment s'il vous plaît ; je n'ai pas encore dit que j'achetais. » Cela vous arrivera toutefois, comme à moi, bien sûr. Mais beaucoup moins souvent que si, à la fin de votre présentation, vous posez une question comme : « Seriez-vous d'accord, monsieur Blanc, de me donner votre commande aujourd'hui ? », ou encore : « Quel est le modèle que vous aimeriez avoir ? », ou bien : « Avez-vous décidé d'installer cette machine ? », ou tout simplement : « Qu'en pensez-vous ? »

Ce même genre de vente « professionnelle » peut et doit être faite par les vendeurs de magasin ou d'étalage.

Il faut tout simplement savoir déclencher l'action positive du client. N'oublions pas que celui-ci est déjà entré dans le magasin avec l'intention d'acheter. On peut dire : « Je vais vous le faire emballer tout de suite » ou encore :

> « Préférez-vous que je vous le fasse livrer demain matin ou demain après-midi ? »

> « Passons dans mon bureau, voulez-vous ; je vais faire conduire votre voiture immédiatement au garage pour la révision d'usage. Vous serez ainsi prêt à partir en week-end avec votre belle voiture blanche, dès demain soir. »

© Éditions d'Organisation

Vos paroles peuvent laisser votre client froid... ou susciter son intérêt !

Résumé

1. **Savoir offrir c'est bien, savoir vendre c'est mieux !**

2. **Savoir déclencher l'action positive chez votre acheteur s'appelle vendre.**

3. **N'employez que des mots simples et clairs pour bien vendre.**

4. **Soyez positif et confiant, présumez dès le départ que la vente va se faire.**

5. **Trouvez des questions clés adaptées à votre produit. Posez-les au cours de votre présentation.**

6. **À la fin de votre présentation, déclenchez chez votre client le désir d'acheter.**

7. **Éliminez à tout jamais de votre vocabulaire des phrases telles que : « Qu'en pensez-vous ? »**

28

Aidez
et vous serez récompensé

Vous serez d'accord avec moi si je vous dis que le meilleur enseignement est encore la pratique. Il y a bien des années, je me souviens d'être sorti pour accompagner un vendeur débutant qui avait beaucoup de mal à démarrer.

Il avait pris rendez-vous avec le propriétaire d'un petit restaurant. Ma présentation fut très décousue, le restaurateur dut se lever très souvent pour saluer des clients, aider quelquefois, et tout surveiller. L'arrivée de sa femme facilita notre travail, car elle prit la relève pour s'occuper des clients. Cet homme me mena la vie dure. Il me remercia plusieurs fois en me disant qu'il n'était pas intéressé et me donna toutes sortes de raisons. Pourtant, je voulais conclure la vente ; en fait, il fallait que j'y arrive pour démontrer à mon jeune vendeur qu'il pouvait y arriver aussi. Contrairement à mon habitude, j'insistai. Finalement, au bout de deux heures, nous sortîmes du restaurant avec notre formulaire signé, accompagné d'un chèque en bonne et due forme.

Le lendemain matin, dès la première heure, ma secrétaire m'informa que la femme de notre tout nouveau client était au téléphone. J'étais persuadé qu'elle m'appelait pour annuler son programme d'épargne, car j'avais réellement insisté la veille au soir, un peu trop à mon goût. Quelle ne fut pas ma surprise quand elle me dit : « J'ai attendu que mon mari parte ce matin pour vous appeler et vous remercier très sincèrement. Vous ne saurez jamais l'aide que vous m'avez apportée, ainsi qu'à notre fils d'ailleurs. Ce que mon mari ne vous a pas avoué hier au soir, c'est que nous n'avons jamais pu faire d'économies. En effet, il aime les courses de chevaux. Il y laisse tout ce que le restaurant nous rapporte ! Ayant ouvert ce plan d'épargne, je peux vous assurer que tous les mois, religieusement, j'enverrai personnellement notre chèque à votre banque, pour que notre fils puisse avoir l'éducation qu'il mérite. Merci encore de votre aide. »

J'ai tiré deux leçons de cette expérience : la première, c'est qu'il ne faut pas nécessairement croire aux excuses que vous donne votre client. Elles sont souvent fausses. La deuxième est que notre métier veut que, bien souvent, nous rendions service, sans même le savoir. En aidant un grand nombre de vos clients à prendre une décision positive, vous leur rendez service. Vous pouvez sans doute aussi les aider de bien d'autres façons ; si l'occasion se présente, ne la laissez pas passer.

Un de mes vendeurs me décrivit un jour une des plus belles ventes qu'il ait réalisées. Un de ses clients lui suggéra d'aller rendre visite à un oncle riche, cultivateur, du côté de Chartres. L'oncle s'excusa à un moment donné, au cours de la présentation, car il « n'était absolument pas intéressé » par un plan d'épargne et, en plus, il avait une réparation urgente à faire à l'une de ses machines.

En sortant, mon vendeur très déçu vit son client ouvrir le capot d'un imposant tracteur. En s'approchant pour prendre congé, il s'informa de ce qui n'allait pas et offrit son aide d'une façon spontanée, ayant des connaissances mécaniques poussées. L'après-midi passa rapidement et, à la nuit tombée, le travail terminé, le brave oncle invita notre jeune ami à prendre l'apéritif et, d'une chose à l'autre, celui-ci resta pour dîner. Ayant abandonné l'idée de pouvoir convaincre cet homme de la terre, il fut surpris de s'entendre dire en fin de soirée : « Pouvez-vous revenir demain après-midi, je pense quand même ouvrir un compte chez vous. »

Lorsqu'il revint le lendemain, il eut un choc car son client avait préparé une très importante liasse de billets, qu'ils mirent longtemps à compter, les coupures étant encore un peu humides... Il avait sorti son bas de laine enfoui dans son potager !

Ne pensez-vous pas que l'aide spontanée de ce vendeur donna confiance à celui qui ne voulait absolument pas investir ? Moi, je le crois.

Pour réussir mieux que vos concurrents, soyez serviable

De nos jours, bien des produits sont en tous points similaires. Lorsque vous faites le plein de votre voiture, pourquoi choisissez-vous une station d'essence plutôt qu'une autre ? Quand vous ouvrez un compte dans une banque, pourquoi celle-ci plutôt que celle-là ? Quand vous vous assurez, pourquoi cette compagnie-là plutôt que l'une de ses rivales ? En général, nous sommes satisfaits si nous sommes **bien servis**. En tant que vendeur, sachez être serviable. Vous vous y retrouverez toujours.

Il y a peu de temps, le vendeur d'une imprimerie est venu nous offrir ses services. Quand je lui demandai pourquoi il pensait que je devais commander nos cartes de visite à son entreprise, il me répondit en souriant : « En achetant vos fournitures chez nous, vous m'achetez aussi. Ainsi je suis à votre service. Je suis certain de pouvoir satisfaire vos moindres désirs. » Je lui passai commande.

À mon avis, il n'y a qu'une seule méthode pour être meilleur que vos confrères. C'est d'abord d'être toujours aimable et ensuite de **faire de votre mieux**. Faites-le avec sincérité et sans réserve. Vous serez toujours récompensé par une ou plusieurs commandes, sans considération du prix de votre produit, lorsque vous saurez donner de vous-même.

En donnant de l'aide, vous recevrez des commandes.

Les meilleurs vendeurs de produits techniques envoient régulièrement des informations utiles à leurs clients. C'est une façon de rendre service. D'autres le font pour rester en contact. Vous achèterez plus facilement une deuxième fois à un vendeur qui garde le contact en vous faisant parvenir des articles sur les derniers perfectionnements de votre machine, ou encore qui vous donne des conseils sur l'entretien de votre équipement, qu'à un vendeur qui ne vous a plus donné signe de vie.

Un de nos amis s'est récemment fait construire une belle piscine. Il a fait établir des devis par trois entrepreneurs différents. Le vendeur qui a enlevé le contrat a su parler de son service après-vente. Nos amis sont heureux de leur piscine, mais ils ont été déçus car le vendeur n'est plus jamais revenu les voir et ne leur a jamais assuré le « service » qu'il leur avait promis avant la signature du contrat. Il leur téléphone de temps en temps pour essayer de leur vendre des produits d'entretien. Ils ont non seulement changé de fournisseur pour ces produits, mais aux amis qui s'émerveillent devant leur piscine, ils recommandent les autres constructeurs en expliquant leur déception.

N'oubliez pas de délivrer ce que vous promettez ! Le **service après-vente** est le service qui rapporte le plus, et ceci quel que soit le produit ou le service vendu. En posant certaines questions adroites, vous arriverez à aider vos clients et à vous en faire quelquefois des amis.

Certains des meilleurs vendeurs d'assurances et de services financiers demandent à leurs clients : « Quel sera le montant total de votre retraite ? » La plupart ne le savent pas, ne l'ont jamais calculé. En faisant un compte rapide, on rend service. Une société propose d'analyser gratuitement les différentes polices d'assurance de leurs clients. Certaines vieilles polices ont besoin d'être réétudiées chaque année. Ces vendeurs rendent service !

Prenez l'initiative. Posez des questions et rendez service ! Aidez vos clients, vous en serez toujours récompensé.

Résumé

1. Sachez aider votre client à prendre une décision. Souvent vous lui rendrez service.
2. Rendre service est toujours payant.
3. Une aide spontanée entraîne souvent la confiance.
4. À produit égal, si vous êtes serviable, vous emporterez la vente.
5. Faites toujours de votre mieux.
6. Livrez ce que vous promettez. Ne décevez pas.
7. Le service après-vente est l'une des armes favorites du vendeur professionnel.
8. Prenez le pas sur vos concurrents en rendant service à vos clients.

29

Mettez-vous à sa place

Vous êtes-vous déjà posé la question : « À sa place, est-ce que j'achèterais ? » Cette petite phrase peut souvent vous aider à trouver la réponse à des questions que votre client peut se poser ou encore vous donner des idées claires, simples et précises à lui présenter.

Il m'est arrivé une fois ou deux dans ma carrière de suggérer à mon client de ne pas acheter le produit que je vendais ; en effet, j'ai réalisé qu'il avait d'autres responsabilités auxquelles il devait faire face avant de devenir mon client. C'est difficile à faire, mais cela m'a valu chaque fois des dividendes. Les personnes à qui j'ai refusé de vendre m'ont ensuite recommandé à leurs amis, et j'ai pu ainsi augmenter ma clientèle.

Comment faire ?

Je me suis souvent interrogé pour savoir quelle serait la meilleure façon d'arriver à me mettre à la place de celui qui allait devenir mon client. Je me suis souvenu du vendeur en immobilier qui m'avait vendu notre première maison dans l'une des banlieues de Montréal.

Ce monsieur était bien organisé et avait une petite carte pour chacune des propriétés qu'il avait à vendre. Sur ces cartes, il avait pris soin d'indiquer un trésor d'informations, telles que : les différentes écoles du voisinage, les parcs, les églises, les bibliothèques, les magasins d'alimentation (les centres commerciaux n'existaient pas encore !). Il avait aussi noté tous les détails relatifs au terrain, aux impôts fonciers, au prix du chauffage, de l'électricité, du gaz et autres. Il connaissait également le prix des propriétés récemment vendues dans le voisinage, ainsi que les noms, professions et nombre d'enfants des voisins immédiats. Une véritable étude en somme, qui nous a permis de choisir avec soin et plaisir la maison que nous avons achetée par son entremise. Je dois dire que je n'ai jamais, depuis, rencontré un autre professionnel de l'immobilier qui eût son envergure.

Les petites cartes de ce maître vendeur m'avaient tellement impressionné, que je décidai d'adapter son système à mon produit financier. Ce fut l'un des « secrets » de ma réussite. Et c'est ce petit « secret » qui me permit de pouvoir me mettre à la place des clients que je rencontrais.

Lorsque je n'arrivais pas à conclure au cours de la première entrevue, je reprenais toutes les informations nécessaires pour ouvrir un « petit dossier » sur mon client et sa famille, d'après ce qu'il m'en avait dit. En vérité, ce dossier, je l'avais réalisé à l'avance puisqu'il s'agissait de feuilles polycopiées. Je n'avais donc besoin que d'y inscrire les nom, prénom, âge, profession, enfants, biens, assurances et investissements de ce client. Ce qui me prenait une vingtaine de minutes. Cela impressionnait toujours le client favorablement et me permettait de conclure presque 75 % des ventes à la deuxième visite.

J'avais même pris le soin de faire préparer un formulaire de testament par un notaire, et j'incluais celui-ci prêt à être rempli par le client, s'il me disait ne pas en avoir un.

Mon client ayant devant lui toutes les données de sa situation financière personnelle ainsi que mes recommandations, pouvait donc prendre une décision plus aisément.

De mon côté, je pouvais quelquefois me permettre de dire : « Voici, monsieur Noir, ce que je ferais moi-même. » Ma proposition étant logique et raisonnable, elle était acceptée dans bien des cas. Certains bons vendeurs peuvent dire : « Si je me mettais à votre place, monsieur Brun, savez-vous ce que je ferais ? » Et le client de répondre : « Non, que feriez-vous ? » En répondant ainsi le client, en fait, me demande de prendre la décision à sa place. Le vendeur peut alors résumer sa proposition et donner toutes les raisons positives qui lui ont permis d'arriver à la conclusion logique d'acheter.

D'autres disent encore : « J'essaie de me mettre à votre place, monsieur Blanc, pour pouvoir vous donner le meilleur conseil possible. Voulez-vous me donner encore quelques informations pour que je puisse juger d'une façon objective. » Ayant écouté les données du client, le vendeur dira souvent : « Alors, voici ce que je ferais... » et il donne alors ses recommandations.

Référez-vous à quelqu'un d'autre

Une technique légèrement différente est celle de se référer à un autre acheteur. Si l'acheteur dit : « Est-ce que j'économiserais réellement, à long terme, en achetant votre machine qui est d'un prix si élevé ? » Il est relativement facile de démontrer que d'autres utilisateurs ont fait non seulement des économies, mais également du profit.

« Vous me parlez d'un bon service après-vente, comment puis-je en être sûr ? » Indiquez le nom d'autres utilisateurs, même de concurrents.

Certains utilisent des réponses comme :

> « Monsieur Brun avait ce même souci avant de devenir client. Je sais qu'il est entièrement satisfait de notre produit, il me l'a dit il y a peu de temps. »

Ce genre de références peut s'utiliser plus facilement avec certains produits qu'avec d'autres. Il est absolument hors de question de les utiliser pour un placement financier ! Vous pouvez en revanche demander à certains de vos bons clients de vous permettre d'utiliser leur nom ou celui de leur société comme référence. Certains ne vous le refuseront pas.

Résumé

1. Pourquoi achèterais-je ? Essayez de vous mettre à la place de votre client.

2. Ne considérez pas votre seul point de vue, mais aussi celui du client ; cela vous permettra de donner des conseils sincères.

3. Sachez réunir toutes les données de votre client, selon le produit ou service que vous vendez.

4. « Voici ce que je ferais » est un des moyens de convaincre.

5. Selon le produit, vous pouvez donner des références.

6. Il est utile de demander la permission à votre client avant de le faire.

Conclusion

Ceci n'est pas la fin ! La vente est un apprentissage sans fin. Depuis la parution de mon premier livre, qui a été traduit et publié en onze langues, j'ai moi-même appris beaucoup.

Quelques lecteurs et lectrices m'ont parlé de méthodes innovatrices pour vendre certains produits, d'autres m'ont écrit pour relater des expériences personnelles. J'ai même été récompensé par la demande d'ouvrir un énorme séminaire à Paris pour les débuts d'une VRM qui s'étendait en Europe.

Les autres récompenses pour avoir écrit un livre technique consistent en critiques et louanges. J'apprécie les deux ! N'hésitez surtout pas à m'écrire.

Certains d'entre vous vont essayer quelques-unes de mes méthodes. Vos lettres seront les bienvenues.

Profitez tous de ce début de siècle pour vous améliorer et atteindre de nouveaux buts. Allez de l'avant ! Ne regardez jamais derrière vous ! Renflouez votre enthousiasme pour notre merveilleux métier devant chacun de vos prospects et clients.

Jean T. Auer

Ingénieur électromécanicien (e.e.m.i.) et citoyen canadien, il fait ses débuts à Londres en Angleterre, chez un
groupe d'ingénieurs conseils (GH Buckle & Partners), puis
il oriente sa carrière vers l'industrie des télécommunica-
tions. Au Canada en 1952 (époque de la « guerre
froide ») il est recruté pour superviser l'installation des
systèmes de détection et de communication des trois premières lignes de défense dans le Grand Nord canadien ;
Pine *Tree Line* d'abord, puis *la Mid-Canada line* et ensuite la
DEW line.

C'est au cours d'un voyage en Amérique du Sud en 1959,
pour remettre un devis au gouvernement péruvien pour
l'installation d'une ligne de communications entre la
capitale Lima et Iquitos dans la jungle, qu'un jeune
conseiller financier, canadien également, originaire de
Winnipeg en Manitoba, lui vend, ainsi qu'à Madeleine,
son épouse, un fond mutuel pour leur future épargne.
À partir de ce moment, sa vie et sa carrière changent
radicalement.

Après de longs moments de réflexion (car quitter le
métier d'ingénieur est une décision majeure), il accepte
l'invitation de devenir représentant pour vendre, lui-
même, des fonds d'investissement (fonds mutuels) au

Pérou pour le compte de Investors Overseas Services. Après avoir vendu son premier million de dollars américains en 10 mois (un record, lui écrit le PDG depuis Genève), il commence à enseigner la vente à d'autres en leur disant : « C'est votre propre rêve que je vous fais réaliser ! »

Cependant, au bout de quelques années, sa passion des hommes l'entraîne irrésistiblement vers la carrière de formateur et d'animateur.

Lorsqu'il décide, en 1968, de créer au Canada sa propre société d'assistance technique à la vente, il devient le pionnier des forces de ventes directes en France, avec Madeleine à ses côtés qui explique les avantages de la nouvelle profession aux épouses et supervise l'administration de leur société. Cette force de vente est recrutée et formée pour la diffusion des plans d'investissements (Sicav) du groupe Paluel Marmont à Paris. Par un contrat d'assistance technique, il recrute ses premiers conseillers financiers français, qui s'épanouiront pour diriger la force de vente, avec un succès considérable (plus de 900 millions de francs de plans d'investissements vendus en 5 ans.) À ce jour, d'autres banques françaises suivent et continuent de vendre des Sicav avec ces programmes.

Dans le même temps il aide deux importantes compagnies d'assurances, l'une anglaise, l'autre hollandaise, à créer et développer leurs réseaux de vente. Le brillant succès des hommes et des femmes qu'il forme dans la vente est aujourd'hui sa principale récompense.

Peu enclin à ne rien faire après avoir pris sa retraite, il écrit, enseigne, peint et joue au bridge avec Madeleine.

© Éditions d'Organisation

www.ingramcontent.com/pod-product-compliance
Lightning Source LLC
Chambersburg PA
CBHW061311220326

41599CB00026B/4835